KiWi
PAPERBACK
1127

W0040065

Das Buch

Christian Sprang und Matthias Nöllke haben mit ihrem Bestseller »Aus die Maus. Ungewöhnliche Todesanzeigen« eine geheime Leidenschaft öffentlich gemacht: Nach der Veröffentlichung des Buchs haben sich Hunderte Leser gemeldet. Fast alle haben Todesanzeigen mitgeschickt, sowohl Meisterwerke aus lange bestehenden Privatsammlungen als auch frische Fundstücke aus der Tagespresse. Für ihr neues Buch konnten die Autoren deshalb aus einem Fundus von Tausenden ganz besonderer Anzeigen auswählen.

Dabei geht es unter anderem um rätselhafte Todesarten (»Elke ist tot. Sie starb ganz plötzlich. Auf ihrem Herd stand noch frische Spargelsuppe«), verdiente Mitarbeiter (»Schädlingsbekämpfer Horst L.: Er hat gekämpft und doch verloren«) und kleine Träume (»Sie wollte morgens aufwachen und tot sein. Ihr letzter Wunsch ist in Erfüllung gegangen«). Wie auch immer Freunde und Feinde, Einsame und Geliebte verabschiedet werden: Wenn wir Todesanzeigen lesen, erfahren wir mehr über das Leben.

Die Autoren

Matthias Nöllke, Dr. phil., arbeitet für den Bayerischen Rundfunk und ist Autor zahlreicher Fach- und Sachbücher, darunter: »Machtspiele«, »Von Bienen und Leitwölfen. Strategien der Natur im Business nutzen« und »Der gut gelaunte Pessimist«. Er lebt in München.

Christian Sprang, Dr. phil., betreibt seit 2003 die populäre Website www.todesanzeigensammlung.de. Beruflich ist der promovierte Musikwissenschaftler Justiziar des Börsenvereins des Deutschen Buchhandels und leitet Seminare und Fachanwaltslehrgänge zum Urheber- und Verlagsrecht.

Matthias Nöllke   Christian Sprang

Wir sind
unfassbar
Ungewöhnliche Todesanzeigen

Kiepenheuer & Witsch

1. Auflage 2010

© 2010, Verlag Kiepenheuer & Witsch, Köln

Umschlaggestaltung: Barbara Thoben, Köln
Umschlagillustration: © Silke Schmidt
Gestaltung: Elisabeth Scharlach
Gesetzt aus der Today
Satz: Felder KölnBerlin
Druck und Bindung: CPI – Clausen & Bosse, Leck
ISBN: 978-3-462-04249-8

Inhalt

Warum wir eine Fortsetzung von »Aus die Maus« brauchen

Wir waren uns von Anfang an einig, Christian Sprang und ich. Wir machen ein Buch mit ungewöhnlichen Todesanzeigen. Ein Buch, um nicht zu sagen, *das* Buch mit ungewöhnlichen Todesanzeigen. Und damit sollte es genug sein: Aus die Maus – ganz im Sinne unseres Buchtitels. An eine Fortsetzung, ein »Sequel«, wie die Filmleute sagen, war nicht zu denken. »Bambi II«, »Der Weiße Hai IV« oder »Die Wilden Kerle MDCCCXII«, das mochte vielleicht noch hingehen. Aber »Aus die Maus II«? Unserem Thema angemessen hätte unsere Antwort erst einmal gelautet: »Nur über unsere Leiche.«

Doch dann kam alles ganz anders. Erste Anzeichen waren bereits zu erkennen, als wir auf den Abgabetermin von »Aus die Maus« zusteuerten. Das Buch war schon so gut wie fertig. Doch Christian versorgte mich mit immer neuen Fundstücken, die er noch in den Tiefen seiner Sammlung entdeckt oder die ihm andere Sammler eben erst zugeschickt hatten. Kein Zweifel, wir würden nicht alle Anzeigen unterbringen können, die wir für gelungen oder zumindest bemerkenswert hielten. Ja, die eine oder andere unserer Lieblingsanzeigen würde auf der Strecke bleiben. Schon aus kompositorischen Gründen. Denn es ließ sich ja nicht jede gelungene Anzeige beliebig im Buch platzieren, sondern nur an einer geeigneten Stelle. Die musikalische Dramaturgie des Werks (mit Ouvertüre, thematischer Durchführung und großem Finale) ließ nichts anderes zu. Und so blieb ein vielversprechender Überschuss zurück.

Am 24. August 2009 erschien »Aus die Maus«. Noch vor Monatsende war die erste Auflage ausverkauft. Aus dem Stand eroberte das Buch den achten Platz der Spiegel-Bestsellerliste, rückte bis auf den fünften Rang vor und hielt sich 23 Wochen unter den Top Ten. Vor allem aber löste das Buch ein lebhaftes Echo bei unseren Lesern aus. Wir bekamen einen prallen Sack Briefe, Postkarten, viele schickten auch E-Mails oder meldeten sich telefonisch. »Ich habe wegen eines Buchs selten so viel gelacht, gestaunt und nachgedacht«, schrieb Frau R. aus Stuttgart. »Sehr bemerkenswert«, urteilte Frau B. aus Hannover. »Habe ich doch dabei festgestellt, dass ich nicht so abartig bin, weil ich auch Todesanzeigen sammle.« Ein Hobby, das sie mit erstaunlich vielen Lesern teilt, worauf wir gleich noch näher zu sprechen kommen. Herr K. aus Hattingen bekam das Buch gleich viermal geschenkt, über das er »still grinsen« und »herzhaft lachen« musste, das ihn gleichzeitig aber auch »oft berührte«. Während Frau Z. aus Mannheim bekannte, bereits nach Lektüre der zweiten Seite geweint zu haben, weil sie »noch nie etwas Rührenderes« gelesen hatte. Nicht minder sympathisch war uns die Zuschrift von Frau Dr. B., Ärztin aus Halle. Sie ließ uns wissen: »Ich lese auch immer zuerst die Todesanzeigen, schon um zu sehen, ob einer meiner Patienten dabei ist.«

Manche Leser wiesen uns auf Aspekte hin, die uns entgangen waren. So verriet uns Herr B. aus Eichstätt, was ein »Rialo« (Seite 50) ist[1] – auch wenn die Anzeige dadurch noch rätselhafter wird, denn immerhin ist sie mit »Rialo« unterzeichnet. Eine erstaunliche Entdeckung machte auch Herr P. aus dem niedersächsischen Wunstorf: In der Anzeige »Fußball war dein ganzes Leben« (Seite 39) wurde die Trauerfeier für den 26. April angekündigt, während als Sterbedatum der 27. April verzeichnet war.
Und die Leser schickten uns neue Anzeigen. Im Anhang hatte Christian Sprang darum gebeten, ihm eigene Fundstücke zu schicken. Da war der Gedanke schon nicht mehr so fern: Vielleicht würde es ja doch zu einer Fortsetzung von »Aus die Maus« reichen. Allerdings

---

[1] Nach Auskunft von Herrn B. handelt es sich bei »Rialo« um eine Abkürzung, wobei die Silbe »Ri« für »Riesen-« steht. Welcher kraftvolle Ausdruck sich hinter dem verbleibenden Kürzel »A-lo« verbirgt, möge der geneigte Leser selbst herausfinden.

haben wir nicht im Entferntesten damit gerechnet, dass dies in so großer Zahl geschehen würde. Bis jetzt haben uns Tausende von Anzeigen erreicht und es kommen immer noch welche nach. Unter den Einsendern sind langjährige Sammler, aber auch Leser wie Herr G. aus Leverkusen, der durch unser Buch erst inspiriert wurde, »die Zeitung nach kuriosen oder ungewöhnlichen Todesanzeigen abzusuchen« – und die fündig wurden.

Das Ergebnis halten Sie hier in den Händen: Die große Mehrzahl der Anzeigen stammt von unseren Lesern, den Lesern von »Aus die Maus«. Dabei haben sie uns mit so vielen schönen, kuriosen und anrührenden Exemplaren versorgt, dass wir wieder einmal nicht alle Schmuckstücke unterbringen konnten. Sie wissen schon, die kompositorischen Gründe, die musikalische Dramaturgie. Da ist nichts zu machen. Aber man kann es natürlich auch positiv wenden: Es gibt erneut einen Überschuss an bemerkenswerten Anzeigen. Und was das für die Leser von »Wir sind unfassbar« bedeutet, das soll Christian Sprang in seinem Nachwort erklären.

Außer den neuen Stücken für die Sammlung bekamen wir auch einige Anzeigen zugeschickt, die erst kürzlich erschienen waren und die stark an das eine oder andere Exemplar aus unserem Buch angelehnt waren. Sollte tatsächlich »Aus die Maus« als Inspirationsquelle gedient haben? Wir wissen das natürlich nicht, aber wir fänden es nicht übel. Auch wenn wir natürlich keinen Leitfaden für das Abfassen von Trauerinseraten schreiben wollten und sich gewiss nicht jede Anzeige als Vorlage eignet. Und doch gefällt uns die Vorstellung, dass sich Leser von den »ungewöhnlichen Anzeigen« anregen lassen. Nicht nur weil manche Exemplare kleine sprachliche Meisterwerke sind, die auf diese Weise noch einmal gewürdigt werden. Sondern weil auch ein gewisser Mut, eine gewisse Unbekümmertheit oder ein gewisser Eigensinn dazu gehört, eine solche selbst gestrickte Annonce aufzugeben, anstatt den bewährten Mustern zu folgen.

Schließlich erreichte uns noch eine Anzeige, die uns besonders berührt hat, weil sich mit ihr gewissermaßen der Kreis schließt. Es handelt sich um eine Annonce für Adelheid H., die eine der »Aus die Maus«-Anzeigen formuliert hatte und nun selbst verstorben war. In dem Text wird wahrhaftig auf unser Buch Bezug genommen. Dabei zeigt sich, dass die Hinterbliebenen »Aus die Maus« so verstanden hatten, wie es gemeint war, nämlich durchaus auch als Würdigung.

Adelheid H

Sie lebte in Köln und Meckenheim und verstarb am 26. Oktober 2009 im Malteser-Krankenhaus in Bonn.

Der plötzliche Tod unserer unerschrockenen, klugen und selbstlos helfenden Mitstreiterin und Freundin ist noch unfassbar.

Seit Jahrzehnten musste sie sich unter gesundheitlichen Qualen mit Chemikalienunverträglichkeiten, Allergien und Immundefekten auseinandersetzen. Mit ihrem außergewöhnlichen Wissen über den kombinierten Einsatz von Schul- und Komplementärmedizin und besonders der Homöopathie half sie Mitbetroffenen zu überleben. Durch Aktionen machte sie Mut und half bei Diagnose, Therapie, Kostenerstattung und unqualifizierter, z. T. diskriminierender Begutachtung.

Ihre Berichte, Kommentare und Schreiben an Institutionen waren geschliffen, gespickt mit humorvollen, auch drastischen Bildern und Ironie, jedoch juristisch unangreifbar. Selbst die Autoren von „Aus die Maus", erschienen in 2009, bestätigen ihre Fähigkeit, unsägliches Leid durch Fehlbehandlungen intelligent und furchtlos öffentlich zu machen.

In tiefer Trauer
eine Mitstreiterin und Freundin aus Nordhessen

Denn es wäre ein schlimmes Missverständnis, die Sammlung ungewöhnlicher Todesanzeigen so aufzufassen, als wollten wir uns über die Annoncen oder gar die Hinterbliebenen lustig machen. Das Gegenteil ist der Fall: Für alle, die diese ungewöhnlichen Anzeigen aufgegeben haben, empfinden wir große Sympathie. Für manche sogar Bewunderung, weil ihnen die Anzeige ungewöhnlich gut gelungen ist. Auch wenn man bei der einen oder anderen Gelegenheit schmunzeln muss – so tut man das kaum aus Häme, sondern aus Mitgefühl. Und wenn man lacht, dann gewiss nicht boshaft, sondern befreit. Denn wir alle teilen ja das Schicksal, sterblich zu sein. Oder wie es in einer klassischen »Aus die Maus«-Anzeige formuliert war: »Wer nicht stirbt, hat nie gelebt.«

Zu guter Letzt müssen wir auch sagen, dass es ein großes Vergnügen war, »Aus die Maus« zu schreiben. Die Aussicht, dass wir das ein zweites Mal tun würden, war schon sehr verlockend. Zumal wir wieder auf die Unterstützung derer zählen konnten, die uns bereits beim ersten Mal zur Seite gestanden hatten: Unser Lektor Martin Breitfeld, unsere Herstellerin Elisabeth Scharlach und unser Verleger Helge Malchow. Und so hoffen wir, dass nun auch die Leser, die so viel zu diesem Buch beigetragen haben, ihre Freude an dem Buch haben.

Wie ich unter die Todes-anzeigensammler geriet

Es ist noch gar nicht so lange her, da beschränkte sich mein Interesse an Todesanzeigen auf das flüchtige Durchblättern der betreffenden Zeitungsseiten. War jemand hochbetagt verstorben, beruhigte mich das irgendwie. So als wäre meine eigene Lebenserwartung gerade um einige Jahre erhöht worden. Dieser Effekt trat allerdings nur bei Lektüre der Lokalzeitung ein. Der dahinterliegende Gedankengang lässt sich folgendermaßen zusammenfassen: Wenn in deiner Stadt die Menschen so alt werden, dann hebt das den Schnitt. Sogar wenn du dich sicherheitshalber leicht unter dem Durchschnitt einordnest, verschiebt sich deine Orientierungsmarke mit jedem »Neunzigplusser« oder »Ninetysomething« beruhigend nach oben.

Entdeckte ich Gleichaltrige oder Jüngere im Trauerrand, spielten solche statistischen Erwägungen hingegen keine Rolle. Dann empfand ich eher so etwas wie Mitgefühl, sofern man mit jemandem mitfühlen kann, von dem man nicht viel mehr kennt als sein Geburts- und Sterbedatum. Todesanzeigen gehörten also nicht zu den Dingen, denen ich übertriebene Aufmerksamkeit geschenkt hätte. Nie wäre ich auf den Gedanken verfallen, sie auszuschneiden und zu sammeln. Ich tue es bis heute nicht. Wohl aber mein alter Studienfreund Christian Sprang. Von seinem Hobby, das er seit mehr als zwanzig Jahren betreibt, hatte ich lange Zeit keine Ahnung. Denn wie fast alle Sammler dieser Anzeigen, so ging auch Christian dieser Beschäftigung, sagen wir einmal: in aller Stille nach. Dabei hatte er sogar eine eigene Website eingerichtet (www.todesanzeigensammlung.de), die schon damals jeden Tag von mehreren Hundert Besuchern frequentiert wurde. Eines Tages gesellte ich mich zu ihnen, als ich nichts ahnend vor mich hin googelte. Im ersten Moment war ich mir nicht einmal sicher, ob überhaupt der mir wohlbekannte Christian hinter der Sache steckte oder nicht vielmehr ein etwas wunderlicher Namensvetter.

Allerdings verflüchtigte sich dieser Zweifel recht schnell. Der Tonfall der Kommentare kam mir doch recht vertraut vor. Und die Anzeigen waren ... wie soll ich sagen? Sie waren erstaunlich. Unfreiwillig komisch, rätselhaft, absurd, aber auch bitter, tieftraurig, ja herzzerreißend. Solche konzentrierten Texte, ja solche Minidramen im Trauerrand hatte ich bis dahin noch nicht gesehen. Sonst waren Todesanzeigen doch sehr stark von Konventionen bestimmt, mit immer den gleichen Bibelworten oder Trost spendenden Zitaten von Albert Schweitzer, Goethe, Hermann Hesse oder aus dem »Kleinen Prinzen« (»Wenn du bei Nacht den Himmel anschaust ...«). Dazu gab es die üblichen Floskeln, von denen selten abgewichen wurde. Nicht zuletzt auch weil die Bestatter für die Hinterbliebenen eine Auswahl bewährter Standardtexte bereithielten, die es völlig unmöglich machten, sich zu blamieren.

Und tatsächlich waren die Anzeigen dieser Sammlung rare Exemplare, naturgewachsene Perlen, nach denen der Sammler täglich tauchen muss, um nach Jahren eine Handvoll zusammenzubekommen. Wie ich erfahren musste, stammte die Mehrzahl der Fundstücke von anderen Sammlern, die ebenfalls schon seit langer Zeit auf Beutezug waren. Diese Leute waren außerordentlich hilfsbereit, frei von jedem selbstbezogenen Besitzerstolz, sondern geradezu bemüht, andere an ihren Entdeckungen teilhaben zu lassen. Stellen Sie sich einen Briefmarkensammler vor, der seine British Guiana Magenta, seinen Sachsen-Dreier und Schwarzen Einser unter seinen Philatelistenfreunden herumschickt. Oder einen Weinsammler, der seinen Château Lafite 1949 entkorkt, damit auch die andern mal was Feines zum Probieren haben. So sind sie, die freundlichen Todesanzeigensammler von nebenan. Sie wollen nicht einmal das Porto ersetzt haben.

Nun liegt der Reiz beim Sammeln solcher Anzeigen allerdings auch darin, auf Gleichgesinnte zu stoßen. Auf Mitmenschen, die das Objekt, das man aus der Zeitung geschnitten hat, genauso bemerkenswert finden wie man selbst. So gesehen ist das Sammeln von Todesanzeigen ein überraschend kommunikatives Hobby. Auch und gerade weil es sehr unterschiedliche Vorstellungen gibt, ob eine bestimmte Anzeige gelungen, geschmacklos, tragisch entgleist oder hochkomisch ist. Meist lässt sich das gar nicht so genau begründen, aber es ist allemal interessant, sich darüber auszutauschen. Sie können ja mal den Versuch machen und aus diesem Buch zwei, drei Anzeigen heraussuchen, die Sie besonders ansprechen. Und dann vergleichen Sie die mit der Auswahl Ihrer Freunde, Familienangehörigen, Arbeitskollegen oder Zufallsbekanntschaften. Anregende Gespräche lassen sich da kaum vermeiden.

Es gab schon lange den Plan, aus der Sammlung ein Buch zu machen. Zunächst noch sehr unbestimmt. So wie die meisten Menschen ein Buch schreiben oder einen Film drehen wollen. Die erste Szene steht schon fest und der Rest ergibt sich, wenn man erst einmal anfängt, angestrengt nachzudenken. Leider ergibt sich häufig nicht die Gelegenheit, angestrengt nachzudenken, um den »Rest« in Angriff zu nehmen. Und so bleiben die meisten Bücher ungeschrieben. Was ja auch sein Gutes hat, weil man sich immer sagen kann: »Wartet nur ab, bis ich mein Buch fertig habe. Ihr werdet euer Leben ändern und die Welt in völlig neuen Farben sehen.« So in etwa. Bei uns war das jedoch anders. Irgendwann gab es ein Exposé und ein Probekapitel. Und einen Verleger Helge Malchow, der das Buch tatsächlich herausbringen wollte. Es gab nur ein Problem: Das Buch sollte 200 Seiten haben.

Damals kalkulierte ich nüchtern: Wir bekommen vielleicht 70 bis 100 Seiten an ungewöhnlichen Todesanzeigen zusammen. Auch wenn wir Anzeigen in ausreichender Zahl beschaffen könnten, so würde sich doch manches wiederholen. Vielleicht sollte man eine kurze Geschichte der Todesanzeige einflechten nebst einigen kulturhistorischen Betrachtungen und Seitenblicken auf das europäische und außereuropäische Ausland, um dann auf Seite 140 allmählich zum Ende zu kommen. Nun, schon bald zeigte sich, dass ich mit dieser Einschätzung völlig danebenlag. Aber damals ahnte ich ja noch nichts von »Tüten-Alfred«, von Pferden, die die »erste Totenwache« halten, oder von Liesel H., die sich »zu ihrem großen

Li-Flug erhoben hatte«. Ich war weder mit dem »Planeten Marduk« vertraut, auf den sich eine gewisse Rosemarie S. zurückgezogen hatte, noch mit den wortgewandten »Freunden aus dem Mampf«, die ihrem Trinkkumpanen »Fitti« ein sprachliches Denkmal setzten. Doch ich lernte sie kennen und noch eine ganze Reihe von anderen stillen Helden, die mir beim Zusammenstellen der Kapitel mehr und mehr ans Herz wuchsen. Rasch hatte ich bestimmte Lieblingsanzeigen, die ich unbedingt in dem Buch unterbringen wollte. Aber auch Christian Sprang hatte seine Favoriten. Wobei man sagen muss: Wir stimmten fast immer überein – und mussten doch das eine oder andere Kleinod wieder aussondern. Denn es gab so viele und so vielfältige Anzeigen, dass sich eben nicht alle aufnehmen ließen.

Eine weitere Überraschung erlebte ich, als ich Freunden und Bekannten von unserem Buch erzählte. Sonst löst man als Autor in solchen Fällen immer gequältes Nachfragen, vorgetäuschte Wissbegier und abrupte Themenwechsel aus – was einen natürlich erst recht herausfordert, sich ausführlich über diese Sache auszulassen. Doch diesmal war alles anders. Diesmal bekam ich einen Satz zu hören, den man als Autor sonst nie zu hören bekommt, obwohl man immer auf ihn wartet. Der Satz lautet: »Das Buch muss ich mir kaufen.« Und das war noch nicht alles. Vielmehr gaben sich viele Gesprächspartner als gelegentliche oder auch heimliche Anzeigensammler zu erkennen. Sogar meine eigene Tante offenbarte, fünf exquisite Sammlerstücke in ihrem Schreibpult verwahrt zu haben, und versprach (nach Art einer echten Sammlerin), sie uns umgehend zuzuschicken. Und ein Freund, über dessen Hobbys ich ausreichend Bescheid zu wissen glaubte, berichtete gar von einem ganzen Schuhkarton voller Anzeigen, der aber bei einem Umzug abhandengekommen war. Allmählich gewann ich den Eindruck, einer totgeschwiegenen Minderheit anzugehören: den Nichtsammlern von Todesanzeigen.

Und nun also die Wiederholungstat: »Wir sind unfassbar«. Auch diesmal entstammt der Buchtitel einer Anzeige, in der mehr verborgen liegt, als es zunächst den Anschein hat. Vordergründig ist den Hinterbliebenen ein kleiner Fehler unterlaufen. Vielleicht woll-

ten sie schreiben: »Es ist unfassbar, dass xy von uns gegangen ist.«
Oder: »Wir sind unfassbar traurig.« Stattdessen erklären sie sich
selbst für »unfassbar«, was ja nun eine ungleich tiefere Aussage ist.
Und weil Anzeigen mit unerwarteten Tiefen in diesem Buch besonders stark vertreten sind, schien uns dieser Titel der einzig angemessene zu sein. Und damit ziehen wir den Vorhang beiseite für
den zweiten Teil der »ungewöhnlichen Todesanzeigen«.

Matthias Nöllke

01

»Werdet ihr erst alle mal so alt«

Anzeigen, die auf den Punkt kommen

Die richtigen Worte zu finden, gerade bei Todesanzeigen ist das keine leichte Aufgabe. Immerhin gilt es ein ganzes Leben zu würdigen und/oder einem komplizierten Gefühl Ausdruck zu verleihen. Und/oder noch in religiösen Angelegenheiten Stellung zu beziehen. Zugleich ist der Platz, der einem zur Verfügung steht, in der Regel stark begrenzt. Doch diese schwierige Ausgangslage erweist sich nicht selten als Glücksfall. Sind die Hinterbliebenen doch gezwungen, ohne Umschweife auf den Punkt zu kommen. Dabei gelingen ihnen manchmal Formulierungen, die sich dem Gedächtnis geradezu einbrennen, weil man es kürzer und treffender nicht hätte sagen können.

Den Anfang macht eine Anzeige, die einem Mann gewidmet ist, der sich bei seinen Mitmenschen offenbar nicht nur Freunde gemacht hat. Dabei schien sich zunächst alles ganz gut anzulassen.

Und am Anfang war er so beliebt!

Wir erinnern an:

Wolfgang M

vom Kampweg in Edewecht.
Seine guten Seiten haben wir nicht vergessen.

**Ulrike und Frank
Uwe und Birgit
Brigitte und Sven
Matthias**

Wenig Raum für Sentimentalitäten gibt es hingegen in der Anzeige für Helmut L. Beeindruckend in ihrer konsequenten Verknappung. Nicht einmal das Wort »Ende« wird hier ausgeschrieben. Was schon sehr »stylish« anmutet. Doch möchte man so verabschiedet werden?

nd

25.04.20 → 04.01.07
Helmut L
hat auf dieser Erde gelebt

Servus Wiggi

Deine Uhr ist abgelaufen.

Es denken an dich:

Thomas und **Joachim**
und deine
Cousinen und Cousins

Eine vergleichbare Kühle umweht auch unsere dritte Anzeige. Und das, obwohl sich die Freunde, die Cousinen und Cousins mit einem kernig bayerischen »Servus« von ihrem Spezerl verabschieden.

Pfüat di
Anderl

Und da wir nun schon in Bayern sind, darf hier die Anzeige nicht fehlen, in der sich »Mani« von einem nicht näher bezeichneten »Anderl« verabschiedet. Weder Geburts- noch Sterbedatum werden mitgeteilt. Und auch eine nähere Ortsbestimmung ist nicht möglich, wofür »Mani« seine Gründe haben mag. Für alle Nichtbayern: Die Formel »Pfüat di« lässt sich am ehesten mit »Behüte dich Gott« übersetzen. Und das ist für einen Verstorbenen sicher nicht der schlechteste Abschiedswunsch.

Mani

Dass Knappheit nicht immer ein Zeichen von Kühle sein muss, zeigt unsere nächste Anzeige. In ihr wird der Verstorbenen selbst das Wort erteilt, die wiederum in bayerischer Mundart eine rundum positive Bilanz zieht. Was soll man dem noch hinzufügen?

„ . . . schee is, schee war's"

Erika W

geb. 26. 4. 1942   gest. 30. 11. 1997
in Ingolstadt   in Oberaudorf

Ähnlich harmonisch rundet sich das Leben von Peter G. aus Thalwil bei Zürich. Seine letzten Worte lassen keinen anderen Schluss zu und geben Hoffnung, dass es auch im Jenseits ganz komfortabel zugeht.

Gedanken und Augenblicke ...
Sie werden mich immer an Dich erinnern,
mich glücklich und traurig machen
und Dich nie vergessen lassen.

Thalwil, den 11. März 2010
Traueradresse:
Marlies K
G
8800 Thalwil

Der Kreis Deines reich erfüllten Lebens hat sich geschlossen. Mit den Worten «Jetzt gaht's mir richtig guet» bist Du von uns gegangen.

Peter G

18. Februar 1919 - 11. März 2010

Wir sind dankbar für die vielen guten und wertvollen Stunden, die wir mit Dir verbringen durften.

In unseren Herzen lebst Du weiter.

Weniger durch Qualität als durch Quantität weiß Schneidermeister Karl A. zu beeindrucken. Dabei spricht aus seinen Worten durchaus ein sympathisch knorriger Humor.

„Werdet ihr erst alle mal so alt"

Schneidermeister

Karl A

* 10. 9. 1899 † 15. 9. 1996

In Liebe und Dankbarkeit nehmen wir Abschied.

Recht deutlich die Zielmarke verfehlt hat hingegen Walter H. Auch wenn es ein wenig herzlos erscheint, dies gefolgt von drei vielsagenden Punkten in der Todesanzeige noch einmal in Erinnerung zu rufen.

Er wollte 98 werden . . .

Walter H
* 13. 6. 1930 † 28. 2. 2006

Waltraut H
Andrea und Markus
Abraham
Marion G   **mit Nicole und Julia**

Auf ihre ganz eigene Weise punktgenau ist die Anzeige für Dr. Hans B. Dank der präzisen Angaben der geografischen Koordinaten ist es dem informierten Leser möglich, Geburts- und Sterbeort mit hoher Treffsicherheit zu bestimmen: Sein Lebensweg begann in Bad Schwartau und endete in der kaum 12 Kilometer entfernten Lübecker Bucht.

Dr. Hans R

* 17. 2. 1942	† 12. 12. 2009
53° 55′ 17″ N	54° 02′ 30″ N
10° 42′ 36″ E	10° 54′ 90″ E

In stiller Trauer

Hans Christian R
Ulrike F

Bad Schwartau

Die Seebestattung hat im engsten Familienkreis stattgefunden.

Nicht ganz so nahe beieinander liegen diese Orte bei Nejla Y., die aus der Türkei nach Deutschland kam. Dass sie nun in ihrer Heimat beigesetzt wird, veranlasst ihre Kinder zu einer ungewohnten Sichtweise.

**Gekommen nach Deutschland im Sitzen,
gegangen in die Heimat im Liegen.**

Wir möchten uns im Namen unserer verstorbenen Mutter bei allen bedanken, die auf Ihrem Lebensweg für sie da waren, sie geliebt und geschätzt haben.

Nejla Y

01.08.1935 - 13.11.2009

Mancher findet auch im worldwide web seine Heimat. Dabei lässt sich die Internetpräsenz aufs Angenehmste von der irdischen Existenz abkoppeln, wie die obige Anzeige verrät.

Wer das Ziel nicht kennt, kann den Weg nicht finden.

Wir nehmen Abschied von unserem Bruder

Lorenz A

* 28. 9. 1970   † 22. 8. 2009

Im Name aller Geschwister
Silvia P

Die Trauerfeier findet am Freitag, dem 4. September 2009, um 13.00 Uhr auf dem Brühlfriedhof in Quedlinburg statt.

Über den Lebensweg von Lorenz A. fällt seine Schwester Silvia P. in knappen Worten ein recht düsteres Urteil. Um seine Orientierungslosigkeit zu illustrieren, dienen drei Wildgänse als Gegenbild. Die wissen genau, wo sie hinwollen, und sind gerade deshalb ein Sinnbild für Freiheit.

Hans - Jürgen F

* 29.10.1944 † 11.10.2009

Du wirst immer in unserem Herzen bleiben.

Karin	Erna	Pascal
Christoph	Christa	Marlon
Markus	Severine	Colin
Dorothea	Karin	
Anna-Maria	Christian	

Aufgabe erfüllt
-
bin nach Hause
gegangen.

Die Beerdigung findet am 15.10.2009 um 13.15 Uhr auf dem Friedhof in Langen statt. Von Beileidsbekundungen am Grab bitten wir Abstand zu nehmen.

Das Requiem findet am gleichen tag um 18.30 Uhr in der Kirche Hl. Thomas von Aquin statt.

Zielgenau und treffsicher zeigt sich hingegen Hans-Jürgen F., der nach Erledigung der irdischen Pflichten die Heimreise angetreten hat. Bemerkenswert an dieser Anzeige ist auch hier das grafische Element. Liebhaber humoristischer Spielereien könnten es für einen späten Nachfahren der »Drudeleien« halten (bekanntester Vertreter: der »Mexikaner auf dem Fahrrad«). Nur was sollte hier dargestellt sein? Eine einäugige Billardkugel? Der Punkt, auf den F. gekommen ist, dargereicht im Kreis, der sich nun geschlossen hat? Ein Atomkern mit Trauerrand?

Und da wir nun schon bei den großen und kleinen Fragen des Lebens sind, muss hier die Anzeige von Olli N. eingerückt werden. Prägnanter lässt es sich kaum ausdrücken, wie ratlos uns der Tod zurücklässt.

Olli Neumann ?

Manchen Anzeigen gelingt es auch, mit wenigen Worten die Persönlichkeit des Verstorbenen auf den Punkt zu bringen. Ein eindrucksvolles Beispiel ist die Annonce für die Ingenieurin Else H., bei der die Charakterfestigkeit womöglich um einige Härtegrade zu stark entwickelt war.

Ein brillanter Kopf,
ein goldenes Herz und
ein Charakter wie Beton.

Dr.-Ing. Else H

* 29. 10. 1915   † 19. 2. 2004

Eine ebenso prägnante wie elegante For-
mulierung findet sich in der Anzeige für
Harald L., die dadurch fast schon eine be-
schwingte Leichtigkeit bekommt.

Die Götter haben den „Eleganten" zu sich geholt.

Harald L

In die gleiche Gewichtsklasse gehört die
Traueranzeige für Albert Thomas R., dessen besondere Qualitäten ebenfalls nicht
in Vergessenheit geraten sind.

Albert Thomas R

„schönster Mann von Wiesbaden"

*20. Oktober 1925   †11. September 2000

Wir lieben und vermissen Dich sehr.

... und was zuletzt stirbt
ist die Hoffnung

Emilio S

28. 1. 1927 – 23. 2. 2003

Als einer der ersten Gastarbeiter wurde
er nach Sindelfingen geholt.

In der Hoffnung, für ihn die letzte
Ruhestätte hier zu finden . . .

Stock und Hut steht ihm gut . . .

**Seine Freunde und sein Kamerad
in großer Trauer**

Als stattliche Erscheinung bleibt auch Emilio S. in Erinnerung. Die Zeile aus dem Kinderlied macht die Anzeige zu einem kleinen Kunstwerk. Nicht nur weil dem Verstorbenen »Stock und Hut« tatsächlich gut gestanden haben, sondern weil einem unwillkürlich auch der übrige Text und die wohlvertraute Melodie in den Sinn kommen. Auf diese Weise rückt einem dieser Emilio S. doch schon recht nahe, der als einer der ersten Gastarbeiter nach Deutschland kam.

Mit einem ebenso knapp wie grundsätzlichen Statement würdigen die Angehörigen die Qualitäten von Maria P.

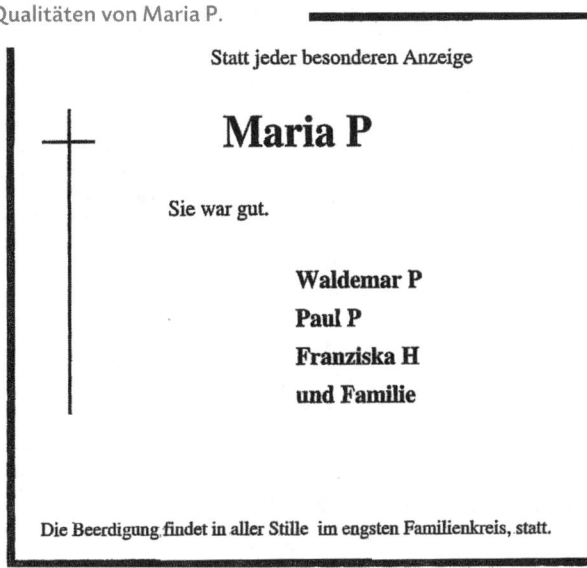

Statt jeder besonderen Anzeige

Maria P

Sie war gut.

Waldemar P
Paul P
Franziska H
und Familie

Die Beerdigung findet in aller Stille im engsten Familienkreis, statt.

Nicht weniger überschwänglich fällt das Urteil über Brigitte von der B. aus. Dass sie auch noch »die Tapferste« sein musste, lässt erahnen, was sie zu ihrem Lebensende hin erduldet haben muss.

Brigitte von der B

geb. S
Bankkauffrau
* 18. 10. 1948   † 23. 7. 1991

Sie war die Beste und Schönste.
Schließlich mußte sie auch
noch die Tapferste sein.

Auch Peter S. hatte gewiss keinen harmonischen Lebensabend. Die Stationen »geboren. gelebt. gebrochen. gestorben« zeugen von einer geradezu unerbittlichen Konsequenz, die einem regelrecht die Kehle zuschnürt. Immerhin bildet das Motto ein etwas versöhnliches Gegengewicht in dieser, man möchte fast sagen: gnadenlosen Anzeige.

> Wenn Ihr mich sucht,
> sucht mich in Eurem Herzen,
> hab' ich dort eine Bleibe gefunden,
> bin ich immer bei Euch.

geboren. gelebt. gebrochen. gestorben.

Peter S

* 15. 8. 1937   † 27. 1. 2005

Andere nehmen den Tod offenbar nicht ganz so schwer. Das Beispiel von Wilhelm B. zeigt, dass nicht jede Todesanzeige gleich eine Traueranzeige sein muss. Dabei bleiben die Gründe offen, weshalb sich seine Anverwandten für ihn freuen. Die Zugehörigkeit zum Himmel und die namentliche Nennung durch die Sterne sind ja eher metaphorischer Trost als überzeugendes Motiv. Zumal Freunde der Popmusik wissen: Die Zeile entstammt dem Song »Candle in the wind« von Elton John. Und dieses Lied war nun eher eine Ode an die Tränendrüse als eine an die Freude.

> ... now you belong to heaven,
> and the stars spell out your name.

Wilhelm B

Wir freuen uns für Dich
Jörg, Barbara, Jil und Joy

Guenter Haase

... die Spuren bleiben sichtbar

Jens B   , Anu P   , Hermann S   & Karo

Ein kleines Meisterwerk haben die Hinterbliebenen von Guenter Haase hinbekommen. Auch wenn sie durch den sprechenden Nachnamen in einer günstigen Ausgangslage waren: Selten gelingt es, grafische Elemente derart sinnfällig einzusetzen. Und so dürften Haases Spuren allein durch diese Anzeige nicht so schnell verblassen.

02

»Mach es wie die Eieruhr«
Ungewohnte Zitate

Die klassische Todesanzeige wird von einem Zitat gekrönt, das schon mal die Richtung vorgibt für alles andere, was noch folgen mag. Der geübte Leser trifft dabei immer wieder auf die gleichen Bekannten – bewährte Sinnsprüche, Bibelworte und gedankenschwere Sätze der Weltliteratur aus dem Schatzkästlein des hilfreichen Bestatters. Umso beglückender ist es, wenn man unvermutet auf ein Zitat trifft, das man bis dahin noch nie zu Gesicht bekommen hat. Und dem man wohl auch so schnell nicht wieder begegnen wird.

Wie etwa im Fall des norwegischen Dichters Øret Laxon, der hierzulande nahezu unbekannt geblieben ist. Wenn die Zeitangaben in unserer Anzeige stimmen, lebte dieser Laxon in der späten Bronzezeit (die sich in Norwegen ein paar Jahrhunderte länger hinzog als anderswo). Er war Zeitgenosse Homers. Und er hat uns einen Ausspruch hinterlassen, der auch nicht viel schlechter ist als die Weisheiten, die uns sonst so aus alter Zeit überliefert sind. Offen gesagt, von dem alten Øret Laxon würde man gerne mehr lesen. Allerdings wurde die Runenschrift erst ein paar Jahrhunderte später erfunden, sodass sich schon die Frage stellt, auf welch verschlungenen Wegen dieser Sinnspruch zu uns gekommen ist

Es fängt nur der, der fischt.
Øret Laxson, norw. Dichter um 800 v. Chr.

Am 4. März 2008 verstarb unser lieber Tati

Charly S
Fischer
geboren 31. 3. 1931

Von Øret Laxon ist es nur ein kleiner Schritt zu Heraklit, dessen Werke ebenfalls nur indirekt überliefert sind. Zu seinen bekanntesten Aussprüchen gehört die Formel »Panta rhei« – alles fließt. Damit wollte Heraklit auf das ewige Werden und den steten Wandel als Grundprinzip allen Seins hinweisen, woran in einer Todesanzeige durchaus mal erinnert werden darf. Allerdings erfährt die klassische Formel in Mainz am Rhein eine leichte ortsübliche Korrektur.

Panta rhein — alles fließt.
Heraklit

Am 2. November 1979 erlosch das arbeitsreiche und erfüllte Leben meines lieben, treusorgenden Mannes, unseres guten Vaters, Schwiegervaters, Großvaters, Bruders, Schwagers und Onkels

Herbert K
Landgerichtspräsident a. D.

das vor 76 Jahren, am 8. Januar 1903, in Mainz begann.

Für ein geistreiches Zitat ist Bertolt Brecht eigentlich immer gut. Hier illustriert es den ebenso heroischen wie aussichtslosen Kampf des Oberstudienrats gegen das Mittelmaß.

Den Tigern entrann ich
Die Wanzen ernährte ich
Aufgefressen wurde ich
Von den Mittelmäßigkeiten
(B. Brecht, New York 1946)

Das Oskar-von-Miller-Gymnasium trauert um

Oberstudienrat Klaus B
* 14. 2. 1953   † 20. 3. 1999

Prof. Dr. Walter K

Professor für Amerikanistik
Johann Wolfgang Goethe-Universität Frankfurt
* 4. August 1943   † 13. April 2008

Und da wir uns nun schon einmal ins Schlachtgetümmel der höheren Bildungseinrichtungen begeben haben: Als Kämpe vom alten Schlag wird der Amerikanistik-Professor Walter K. gewürdigt. Berühmt geworden ist die Formel von den alten Soldaten, die niemals sterben, sondern allmählich verschwinden, durch den legendären US-General Douglas MacArthur. Der benutzte sie in seiner Abschiedsrede und gilt seitdem als ihr Urheber. Ursprünglich stammen die Worte jedoch aus einem alten englischen Soldatenlied.

Old soldiers never die
– they got to heaven and regroup.

**Albert
D**

* 18. 11. 1936   † 29. 1. 2010

Manche alten Soldaten wollten sich jedoch nicht mit ihrem allmählichen Verschwinden abfinden. Daher wurde der Spruch immer wieder abgewandelt. Die obige Version war bei den Marines und den sogenannten »Chindits« in Gebrauch, einer britischen Eliteeinheit, die im Zweiten Weltkrieg hinter den feindlichen Linien operierte. Ob Albert D. irgendwelche Verbindungen zum Militär hatte, wissen wir nicht. Aber die Vorstellung, dass er mit Gleichgesinnten in den Himmel kommt und sich mit ihnen neu formiert, mag ihm schon gefallen haben.

Deutlich zivilere, ja poetische Töne werden in der Anzeige für den Journalisten Hans Christian K. angeschlagen. Das Gedicht von Ingeborg Bachmann »Wenn einer fortgeht« endet mit den vage hoffnungsvollen Zeilen: »Dann wird er wiederkommen. Wann? Frag nicht.«

„Wenn einer fortgeht, muß er den Hut mit Muscheln, die er sommerüber gesammelt hat, ins Meer werfen und fahren mit wehendem Haar . . .“

Ingeborg Bachmann

Hans Christian K

Journalist

* 23. 3. 1950 in Dresden   † 29. 9. 2009 in München

Feine Ironie spricht hingegen aus den Worten des ungarischen Schriftstellers Péter Esterházy.

Der Tod ist ziemlich mächtig . . .

Peter Esterhazy

Mein Everl ist zwar gestorben. Sie ist aber nicht tot.

Im Gedenken an

Evelyne K

† 9. 5. 2007

Die Ungetrösteten essen allein
Friedrich Ani

Voll Dankbarkeit und Liebe nehmen wir von unserer Freundin

Gabriele F

Abschied.

Es gibt Sätze, die treffen einen ins Mark – wenn sie einem unvermittelt in einer Todesanzeige begegnen.

„Wir haben es probiert"
Willy Brandt

Kurt H

14. 11. 1944 – 25. 6. 2007
Journalist und Börsenmakler
Hamburg – München – Six fours les plages

Nicht ganz buchstabengetreu, aber dem Sinne nach zitiert die folgende Anzeige den Grabspruch von Willy Brandt: »Man hat sich bemüht.« In Hinblick auf die beiden nicht immer leicht zu vereinbarenden Berufe von Kurt H. ergibt sich jedoch ein etwas heikler Nebensinn: Probieren kann man es ja mal.

> Mach es wie die Eieruhr; zähl die heit'ren Stunden nur
> (Robert Gernhardt)

Helmut R
* 14. 7. 1940   † 12. 4. 2007

Regina R
im Namen aller Angehörigen

Die Trauerfeier findet am Donnerstag, 19. April 2007, um 13 Uhr im Waldfriedhof München, Neuer Teil, Lorettoplatz, statt.

Statt Blumen bitten wir um eine Spende unter dem Stichwort „R   " auf das Konto des Fördervereins des Klinikums Starnberg mit der Kto.-Nr. 430 030 288 bei der Kreissparkasse München-Starnberg, BLZ 702 501 50.

Auch das Motto für Helmut R. ist nicht über jeden Zweifel erhaben. Als bekennende Robert-Gernhardt-Fans ist es uns jedenfalls nicht gelungen, das Zitat zu verifizieren. Sicher ist immerhin, dass es sich um die Verballhornung des Poesiealben-Spruchs handelt: »Mach es wie die Sonnenuhr. Zähl die heit'ren Stunden nur.« Die »Eieruhr« klingt da schon verdächtig nach Gernhardt. Aber das Warten aufs Frühstücksei – heiter? Und Stunden braucht nicht mal das hartgekochteste Exemplar. Doch egal, ob nun von Gernhardt oder frei angedichtet, uns gefällt die Unbekümmertheit der Eieruhr.

Verbürgt ist hingegen das folgende Gedicht von Robert Gernhardt, das nun allerdings einen völlig anderen Ton anschlägt.

Ich bin viel krank.
Ich lieg viel wach.
Ich hab viel Furcht.
Ich denk viel nach:

Tu nur viel klug!
Bringt nicht viel ein.
Warst einst viel groß.
Bist jetzt viel klein.

War einst viel Glück.
Ist jetzt viel Not.
Bist jetzt viel schwach.
Wirst bald viel tot.

Robert Gernhardt

Marlene F

25. 4. 1955 – 22. 3. 2010

Ihre ehemaligen
Kolleginnen und Kollegen der
Buchhandlung Kohl / Frankfurt
und der S. Fischer Verlage

Ganz dem Leben zugewandt präsentiert sich hingegen die Anzeige für Gustav E. Ein »profundes physiologisches Ja« findet sich in Todesanzeigen vermutlich ebenso selten wie stundenzählende Eieruhren.

> *Am wichtigsten bleibt doch die Munterkeit,*
> *das profunde physiologische Ja zum Leben.*
> Heimito von Doderer

Wir nehmen in Liebe und Dank Abschied von

Gustav E

* 25. 11. 1900 † 23. 4. 1994

Nicht weniger tröstlich ist die Einsicht des großen »Wortzerklauberers« Karl Valentin. Darüber hinaus hat man zumindest den Eindruck, ein wenig über den Humor des Schneidermeisters Wiggi H. aus München-Schwabing erfahren zu haben.

> *Wer am Ende ist, kann von vorn anfangen,*
> *denn das Ende ist der Anfang von der anderen Seite.*
> Karl Valentin

Deinen Humor und Deine Kreativität werden wir vermissen.

Ludwig „Wiggi" Hirtl
Schwabinger Schneidermeister
* 19. Dezember 1934 † 25. Mai 2009

Für eigenwilligen Humor und abgründigen Sprachwitz steht auch der Dichter Ernst Jandl. Daher kommt sein Werk ebenso als Fundgrube für treffliche Zitate infrage – den entsprechenden Humor vorausgesetzt. Das »Sommerlied« (so der Titel des Gedichts) scheint uns jedenfalls gut gewählt. Es strahlt eine leise Ironie und souveräne Gelassenheit aus.

> wir sind die menschen auf den wiesen
> bald sind wir menschen unter den wiesen
> und werden wiesen, und werden wald
> das wird ein heiterer landaufenthalt
> Ernst Jandl
>
> ## Jörg H
>
> 19. Februar 1940 – 5. Dezember 2009

Allerdings sind die literarischen Vorlieben sehr verschieden. Gerade das Unerwartete und Abseitige bringt Vielfalt und Würze in den schwarz geränderten Anzeigenteil. Wer lange genug sucht, der wird auch bei Pippi Langstrumpf etwas Passendes finden.

> Wie schön muss es erst im Himmel sein,
> wenn er von außen schon so schön aussieht!
> Astrid Lindgren (aus Pippi Langstrumpf)
>
> ## Emma
>
> Wir vermissen dich!
>
> Jens mit Laura, Lena und Luca

Und es müssen nicht immer nur Bücher
sein, die als ergiebige Quelle infrage kommen. Wer sich eher der Rockmusik verbunden fühlt, kann auch bei den Heroen
dieses Genres tiefgründige Einsichten auf-
schnappen.

Knowledge speaks, wisdom listens
Jimy Hendrix

Marino B

1954 - 2010

ist am 9. März an seiner schweren Krankheit gestorben.

Wir sind traurig und vermissen ihn.

Dieter, Eliane, Eva, Hannes, Kati, Ruth

Doch nicht jeder möchte sich mit einem
schwergewichtigen Satz aus dieser Welt
verabschieden. So wie im Fall des Kamera-
manns Bernt B., für den der legendäre Hit
der Everly Brothers noch einmal in Erinnerung gerufen wird.

Bye bye love
Bye bye happiness
Hello Loneliness
I think I'm gonna cry.

Er mußte viel zu früh von uns gehen. Wir danken ihm für seine Liebe und Güte, für seinen
Lebensmut und Frohsinn.

Bernt B

Kameramann

* 18. 7. 1952   † 25. 2. 1994

. . . das ist Dein Humor und ein von Dir viel zitierter Spruch.
Für uns viel zu früh.

BERND N

* 22. Juli 1948   † 6. Januar 2010
Neumünster   Zarpen

Dein Lächeln, Deine Gelassenheit,
Deine Lebensfreude und Deine Liebe fehlen uns.
Fabian und Sarah,
Stefanie und Martin
Sigrid
Werner, Milan, Ilja,
Eva-Maria und Jörg

Auf den ersten Blick mag das Gedicht von Heinz Ehrhardt über die »dritten Zähne« in einer Todesanzeige ein wenig roh erscheinen. Doch weil es der Verstorbene besonders gerne mochte, gibt es der Anzeige für Bernd N. eine selbstironische, liebenswürdige Note.

Na, jetzt hat er seine Ruh!
Ratsch, man zieht den Vorhang zu!
Wilhelm Busch

Fassungslos über seinen plötzlichen Tod müssen wir Abschied nehmen von meinem geliebten Mann, unserem Vater, Schwiegervater und Opa, Bruder, Schwager und Onkel

Kriminal-Hauptkommissar
Hans-Werner R

* 23. November 1938   † 27. Januar 1998
Lübeck   Bonn

Schon deutlich harscher wirkt der Vers von Wilhelm Busch, mit dem Kriminal-Hauptkommissar Hans-Werner R. verabschiedet wird.

Wer weder mit Popmusik noch mit Humoristischem oder gar Schöngeistigem etwas am Hut hat, für den bieten die juristischen Sammelwerke eine unerschöpfliche und weitgehend ungenutzte Quelle. So wie im Falle von Dr. Christian B., zu dessen ehrendem Angedenken die Berufsordnung für Rechtsanwälte (BORA) dankenswerterweise noch einmal in Erinnerung gerufen wird.

Dr. Christian B

Rechtsanwalt

„Die Freiheitsrechte des Rechtsanwalts gewährleisten die Teilhabe des Bürgers am Recht. Seine Tätigkeit dient der Verwirklichung des Rechtsstaats." § 1 Abs. 2 BORA

Dem von ihm formulierten Anspruch war er selbst Vorbild.

Mit dieser Anzeige können wir nun auch zwanglos überleiten zu unserem nächsten Kapitel, in dem wir unsere Aufmerksamkeit auf die Berufe der Verstorbenen richten.

03

»Halten Sie uns bitte weiter die Treue«

Geschäftliches und Berufliches

Seit jeher haben Todesanzeigen einen engen Bezug zu geschäftlichen und beruflichen Angelegenheiten. Wir erinnern gerne noch einmal daran: Die ersten Todesanzeigen, die vor rund 250 Jahren in deutschen Zeitungen erschienen, waren nüchterne Bekanntmachungen. Sie sollten Kunden und Geschäftspartner darüber informieren, dass der Firmeninhaber verstorben war und wer die Geschäfte weiterführte. Keine letzten Liebesschwüre, keine erbaulichen Sätze aus der Religion oder der Literatur, keine Würdigung von Lebenswerk und/oder Persönlichkeit des Verstorbenen – sondern die nackten Fakten. Auch heute noch finden sich immer wieder Anzeigen, die fest in dieser Tradition stehen. Wenn etwa bei Danksagungen auch das Geschäftliche nicht vollkommen aus dem Blick gerät.

DANKSAGUNG

Für die überwältigende, herzliche Teilnahme, durch Kranz- und Blumenspenden beim letzten Geleit meines geliebten Mannes, Vaters und Sohnes allen ein herzliches „Vergelt's Gott"!

**Inge G
mit Angehörigen**

Bayreuth, im September 1981

Die Geschäfte laufen im Sinne meines Mannes weiter.
Halten Sie uns bitte weiter die Treue.

Sogar in Branchen, von denen man es nicht unbedingt erwartet hätte, wird der Informationspflicht Genüge getan. Obendrein handelt es sich um einen nützlichen Service für alle jene Fahrgäste, die ihr Taxi nach der Nummer auswählen.

Plötzlich und unerwartet verstarb

Dietmar A. R

* 10. 11. 1940 † 2. 12. 2005

TAXI 518

Wir sind fassungslos:
Jochen R
Susanne S   mit Familie
Hartwin R   mit Familie
alle Verwandten und engen Freunde

Für jedes Geschäft gilt der Grundsatz: Ohne Werbung geht es nicht. Dass dies sogar für das allerhöchste Business gilt, daran erinnert die folgende Anzeige.

Selbst der liebe Gott braucht die Werbung - er hat die Glocken

Hans-Georg N

*25.10.1947   †19.01.2010

ein leidenschaftlicher Werbefachmann
Gründer von NWA

Wir danken für Deine Freundschaft und Deinen Enthusiasmus. Gerne haben wir mit Dir gearbeitet, diskutiert, gelacht, gefeiert, Karten gespielt, sind gesegelt, verreist, Ski gefahren, haben Eisstock geschossen, Golf gespielt, Rätsel gelöst, Zigarillo geraucht.

Wir trauern mit Deiner Frau Marion, Deinen Kindern Hans, Florl mit Tanja und Enkelin Paula und Deiner Mutter Paula

Deine Freunde: Alex u. Elke, Alois u. Gabi, Charly u. Marina, Doris, Erwin u. Elfriede, Eva, Fritz u. Hedi, Gerd u. Renate, Günter u. Rosi, Günter, Helmut u. Elsa, Helmut u. Birgitt, Herbert u. Gina, Hermann u. Daniel, Hermann u. Gretel, Lorenz u. Regina, Maria u. Isabella, Norbert u. Babsi, Peter u. Gerdi, Peter u. Regina, Peter, Renate, Robert u. Irma, Thorsten u. Sigrid, Uli u. Brigitte, Werner u. Erika, Werner u. Irene, Wiggerl u. Ulli.

„Die interessantesten Anzeigen
sind die Todesanzeigen."

Werner Butter

Wir trauern um unseren Gründer, Chairman, Lehrmeister und Freund.

Werner Butter

1932–2009

Träger des Bundesverdienstkreuzes, Mitglied der Hall of Fame der deutschen
Werbung, Gründungsmitglied des Art Directors Club von Deutschland.

Frank Stauss, Rolf Schrickel, Oliver Lehnen, Michael Preuss
mit allen Butterianern, den heutigen
und ehemaligen aus über vierzig Jahren Werbung.

BUTTER. AGENTUR FÜR WERBUNG GMBH • DÜSSELDORF I BERLIN

Werbung in eigener Sache macht die Todesanzeige für die Werbelegende Werner
Butter. Dass wir der Botschaft nur zustim-
men können, liegt auf der Hand.

Auch unser nächstes Stück betrifft einen Werbetexter. Und Manfred A. S. scheint gleichfalls um große Worte nicht verlegen.

Am Anfang war das Wort...

Manfred. A. S

Werbetexter

* 11.10.1943 † 12.03.2009

Dass die Angehörigen anderer Professionen gegenüber den Werbern keineswegs zurückstecken müssen, zeigt das folgende Beispiel. Die kaufmännischen Talente des Verstorbenen werden in einem Satz gewürdigt, den auch ein Werbeprofi nicht besser hinbekommen hätte.

Er war ein königlicher Kaufmann.

Günter H

* 4.2.1919 † 19.2.1988

Wir trauern um unseren hochverehrten Seniorchef.
In seiner großen Menschlichkeit war er uns immer ein Vorbild.
Was wir heute sind, verdanken wir ihm.
Wir werden sein Andenken in Dankbarkeit bewahren.

WÖLLENSTEIN

Baudienste GmbH & Co.
Kommanditgesellschaft

Mitunter lässt sich auch an einem bloßen Beinamen ablesen, welch hohe Wertschätzung der Verstorbene in seinem Metier genossen hat – zumindest innerhalb seines Wirkungskreises.

Unfassbar

Artur B

* 30. November 1936   † 11. September 2005

„Bocuse von Ostheim"

ist nicht mehr da.

Ich vermisse ihn:
Brigitte F

Es war sein Wunsch, in aller Stille beigesetzt zu werden.

Vom unterfränkischen Ostheim ins oberbayerische Großdingharting. Und wir bleiben bei den Gastwirten. Auch hier ist es der Beiname, der unsere Fantasie anregt. Aber man sollte wohl sagen: in entgegengesetzter Richtung.

Obwohl wir Dir die Ruhe gönnen,
ist voller Trauer unser Herz,
Dich leiden sehen und nicht helfen können
dies war für uns der größte Schmerz.

Nach schwerer Krankheit ist unser lieber Sohn, Bruder, Schwager, Onkel und Freund

Peter G

Hotelier
ehem. „Killer-Wirt" von Großdingharting
* 25. 9. 1942   † 8. 5. 1986

von uns gegangen.

Seit nunmehr einem Jahr
gilt im Café „Himmel":
„Draußen nur Kännchen"

Lieber Sven,
es vergeht kein Tag, an dem wir nicht
an Dich denken.
Mal sind es Tränen, mal ist es ein
Lachen und doch schmerzt es sehr,
dass Du nicht mehr hier bei uns bist.

Nur wer vergessen wird,
ist wirklich tot.

**Sven
N**
*29.01.1975
†23.10.2008

**Deine Mutter
Dein Sohn Nils
Denise D
Mark & Melissa L**

Ebenfalls aus der Gastronomie stammt das Motto der obigen anrührenden Anzeige. Gerade weil es die Familie ist, die mit diesen Worten an Sven N. erinnert, liegt der Schluss nahe: Hier hat jemand seinen Kellnerberuf sehr gerne ausgeübt.

Das Gleiche gilt auch für Frieda R., deren letzter Wunsch unverzüglich in die Tat umgesetzt wird. Dabei zeigt sich, dass Pietät und Geschäftssinn sich durchaus ergänzen können.

*Wer geliebt wird, ist nicht tot,
tot ist, wer vergessen ist.*

Frau Frieda R

* 10. 1. 1927 † 16. 11. 2009

Frieda R ist von uns gegangen.
Sie war 40 Jahre Bedienung im Café Belstner.

O Herr, gib ihr die ewige Ruhe!

Im Gedenken:
Familie B
Café Belstner
mit Belegschaft

Ab jetzt ist das
Café Belstner
wieder jeden Sonntag
von 12.30 Uhr bis 18.00 Uhr **geöffnet,**
weil es Frau R s letzter Wunsch war.

Wie wenig sich Beruf und Leben trennen lassen, zeigt auch die Anzeige für Horst L.

Er hat gekämpft und doch verloren.

Horst L

Schädlingsbekämpfer
* 7. 9. 34   † 19. 12. 96

Die Hinterbliebenen:
Familie L   und Familie S

Ein gänzlich anderes Verhältnis zu den kleinen Plagegeistern hatte Hans M. Seine Anzeige legt die Vermutung nahe, dass der Beruf des Flohzirkusbesitzers doch kräftezehrender ist, als man landläufig vermuten würde.

Wenn die Kraft zu Ende geht, ist Erlösung eine Gnade.

Hans M

Flohzirkusbesitzer i. R.
* 10. 12. 1946   † 31. 1. 2006

In lieber Erinnerung:
Deine Geschwister

Die Trauerfeier findet am Donnerstag, dem 2. Februar 2006, um 12.00 Uhr im Krematorium Westfriedhof Nürnberg, Halle I, statt. – Für zugedachte Anteilnahme herzlichen Dank.

Während Michael H. das Jenseits bereits mit dem geschulten Blick des Fotografen in den Blick nimmt.

Irgendwer beschloß,
meinen irdischen Weg zu beenden.
Somit eröffnen sich für mich
neue Wege, in einer anderen Welt
oder Dimension, nach neuen
Motiven zu schauen.

Servus, Euer Fotograf

Michael. A. G. H

Auch unser zweiter Fotograf meldet sich noch einmal mit einer persönlichen Botschaft zu Wort.

Ich weiß nicht, was ein gutes Bild ist,
aber ein Schlechtes tut mir weh!

Gerd V
Kameramann und Fotograf
* 16. 7. 1947   † 20. 2. 2007

Für die ehemalige Tanzlehrerin Alice W. haben die Hinterbliebenen ein ausdrucksstarkes Motto formuliert.

Ein bewegtes Herz   Altersheim,
hat aufgehört   7000 Stuttgart 50
zu tanzen!

Alice W
Tanzlehrerin
25. 2. 1907 – 8. 4. 1989

Eine angemessene Würdigung des Gärtnerberufs findet sich in der Anzeige für
die 90-jährige Gärtnermeisterin Helene
von S., bei deren Geburtsnamen man eher
vermutet hätte, dass sie Gärtner beschäftigt, als dass sie selbst diesen Beruf ausübt.

Wenn ich noch einmal auf die Welt komme,
werde ich wieder Gärtner,
und das nächste Mal auch noch;
denn für ein einziges Leben
ist dieser Beruf zu groß.   (Karl Foerster)

Helene von S

geb. Reichsgräfin von Zeppelin-Aschhausen
Gärtnermeisterin
* 18. Juni 1905   † 5. Juli 1995

Von der Gärtnermeisterin zur Putzmachermeisterin ist es nur ein kleiner
Schritt – zumal sich auch Sophie X. ganz
offenbar Respekt zu verschaffen wusste.

Nach einer weiten Reise, in einem aufopferungsvollen Leben:
UNSER KÄPT'N IST VON BORD GEGANGEN

Frau Sophie X

geb.
Putzmachermeisterin
geboren am 3. 2. 1893 in München
gestorben am 26. 3. 1980 in München

Wenn Sie es noch nicht gewusst haben: Eine Putzmacherin fertigt Damenhüte. Die große Zeit dieses Berufs liegt eher im 19. als im 21. Jahrhundert. Und das trifft bedauerlicherweise wohl auch auf die Berufsbezeichnung unserer nächsten Anzeige zu.

Frau Anny S
ehem. „Strumpftante"

* 2. 1. 1911   † 16. 6. 1994

Die korrekte Bezeichnung der beruflichen Tätigkeit ist innerhalb eines Unternehmens von größter Bedeutung. Wenn sich Produktgruppe und Hierarchieebene so harmonisch zusammenfügen wie in diesem Beispiel, wird das auch und gerade Außenstehende nicht unbeeindruckt lassen.

Am Donnerstag, dem 11. Februar 1993, verstarb

Henry W
Abteilungsleiter Schrankwände

Wir haben einen besonders beliebten, immer fröhlichen Mitarbeiter verloren, der mit bewundernswerter Tapferkeit gegen seine schwere Krankheit gekämpft hat.

Seine Leistungen und seine Loyalität gegenüber unserem Unternehmen sind uns Verpflichtung.

GWINNER & ULRICH
Büroeinrichtungszentren

Beeindruckt hat uns auch das folgende Stück: Mitarbeiter und Geschäftsführung einer großen Elektrohandelskette präsentieren sich hier außergewöhnlich bildungsbeflissen. Mit Nietzsche und Goethe wird der verdiente Mitarbeiter Wolfgang K. als »großer Denker und Individualist« gewürdigt. Der Werbeslogan des Unternehmens »Ich bin doch nicht blöd!« bekommt so eine völlig neue Bedeutung.

„Wir können in keinen Abgrund fallen,
außer in den der Hände Gottes.“
F. Nietzsche

Tief bewegt tragen wir das Unfaßbare. Für uns alle unerwartet ist unser lieber Freund und Mitarbeiter

Herr Wolfgang K

im frühen Alter von 53 Jahren aus diesem irdischen Leben abberufen worden.

13 Jahre sind wir ein großes Stück des Lebensweges gemeinsam gegangen. Herr K   hat in den schwierigen Aufbaujahren unseres Unternehmens durch grandiose Pionierarbeit maßgeblich zum Erfolg des Media Marktes beigetragen. Als Freund schätzten wir ihn als einen großen Denker und Individualisten.

Wir werden ihn nie vergessen. Er hat für immer einen Platz in unseren Herzen.

Goethe sagt:

„Mich läßt der Gedanke an den Tod in völliger Ruhe, denn ich habe die feste Überzeugung, daß unser Geist ein Wesen ist ganz unzerstörbarer Natur; es ist ein Fortwirkendes von Ewigkeit zu Ewigkeit, es ist der Sonne ähnlich, die bloß unsern irdischen Augen unterzugehen scheint, die aber eigentlich nie untergeht, sondern unaufhörlich fortleuchtet.“

In diesem Sinne hoffen wir auf ein Wiedersehen.

Seiner Familie und seinen Angehörigen drücken wir unser herzlichstes Beileid aus.

Media Markt
Mitarbeiter und Geschäftsleitung

Und doch möchte man als Mitarbeiter vielleicht gar nicht so sehr als epochaler Denker und Individualist in Erinnerung bleiben, sondern einfach nur als netter Mensch. So wie Kollege Bernard.

Du fehlst uns

ned nur beim Schaffa

Bernard

Deine Kollegen

Schön, wenn man an seiner Wirkungsstätte einen so bleibenden Eindruck hinterlassen hat, dass man gar nicht mehr mit vollem Namen genannt zu werden braucht. So wie »der« Klaus von Schumann's Bar in München. Der bestimmte Artikel lässt gar keinen Zweifel aufkommen: Einen zweiten Klaus kann es neben »dem« Klaus nicht geben. Und nach ihm vermutlich auch noch nicht so bald.

Wir trauern um den

Klaus

Schumann's Bar

Fiu

Er hatte immer eine Idee.

**Möbelhaus Behrens
Bad Zwischenahn**

Gleiches lässt sich gewiss auch vom findigen »Fiu« sagen. Dabei ist die Anzeige ein starkes Indiz dafür, dass dem Möbelhaus B. in Bad Zwischenahn auch in Zukunft die kreativen Ideen nicht ausgehen werden.

Doch auch in gegensätzlicher Richtung lassen sich Maßstäbe setzen. So ist den nebeneinander erschienenen Anzeigen der Firma S. aus Krefeld anzumerken, dass die Gleichbehandlung aller Mitarbeiter dem Unternehmen ein besonderes Herzensanliegen ist.

Nachruf

Am 27. November 2008 verstarb unser ehemaliger Mitarbeiter

Herr Fritz Rudolf S

im Alter von 83 Jahren.

Herr S   hat sich während seiner über 27-jährigen Zugehörigkeit zu unserem Unternehmen durch seine Pflichttreue und stete Hilfsbereitschaft unsere Anerkennung und Wertschätzung erworben.

Wir werden sein Andenken in Ehren bewahren.

Geschäftsführung, Belegschaft und Betriebsrat
SIEMPELKAMP Maschinen- und Anlagenbau GmbH & Co. KG
Krefeld

Nachruf

Am 22. November 2008 verstarb unser ehemaliger Mitarbeiter

Herr Edwin Erich L

im Alter von 72 Jahren.

Herr L   hat sich während seiner über 12-jährigen Zugehörigkeit zu unserem Unternehmen durch seine Pflichttreue und stete Hilfsbereitschaft unsere Anerkennung und Wertschätzung erworben.

Wir werden sein Andenken in Ehren bewahren.

Geschäftsführung, Belegschaft und Betriebsrat
SIEMPELKAMP Maschinen- und Anlagenbau GmbH & Co. KG
Krefeld

Seite an Seite standen auch die folgenden beiden Anzeigen, die eindrucksvoll dokumentieren, wie nahe in unserer extrem verdichteten Arbeitswelt Tod und Stellenneubesetzung gerückt sind.

Von den Mitarbeitern zu den Vorgesetzten: Die folgende Anzeige gehört zu unseren ausgesuchten Lieblingsstücken. Mit wenigen Worten gelingt es der Belegschaft einer Autowerkstatt, ihrem Kollegen ein Denkmal zu setzen.

Vielen Dank für die Zeit mit Dir

Hermann

Allerdings müssen wir einige Dinge überdenken.
Daß Krupp-Stahl und Franken-Eichen unzerstörbar sind.
Händewaschen mit Handschuhen.

Du fehlst uns.

**Die Belegschaft der
Kfz-Reparatur-Werkstatt Andreas Helbing**

Landläufig gelten Unternehmer als zupackender Menschenschlag. Vor diesem Hintergrund erscheint das Motto von Hans-Peter K. doch etwas ungewöhnlich.

*Manche halten den Unternehmer für einen räudigen Wolf, den man tot schlagen müsse,
andere meinen er sei eine Kuh, die man ununterbrochen melken könne;
nur wenige sehen in ihm ein Pferd, das den Karren zieht.*
Winston Churchill

Wir haben unseren Lebensmittelpunkt verloren.

Hans-Peter K

* 10. 5. 1940 † 26. 4. 2007

Wir werden weiter leben getreu seinem Motto:
„Es hilft einzig die Flucht nach vorn".

Und auch unsere zweite Unternehmeranzeige schlägt kritische Töne an. Zwar verströmt das Porträt mit Zigarre (deren Qualm »vermisst, aber niemals vergessen« wird) eine vertraute Behaglichkeit. Doch unvermittelt wird der Unternehmer zum Esel erklärt. Vielleicht hätte sich ein weniger störrisches Lasttier finden können, das bei Überladung ebenfalls alle viere von sich streckt.

Ein plötzlicher Paukenschlag, der alles verändert.

Unserem Freund

Richard P

in Ehren.

Richard, Du warst Dein Leben lang, tagein, tagaus, von früh bis spät sehr fleißig. Du warst sozial und politisch sehr engagiert.

Du warst zuverlässig, gradlinig, hattest Stil, warst risikobereit, motiviert, erfolgreich, hilfsbereit und noch voller Schaffenskraft.

Dein klarer Verstand und Deine ehrlichen und deutlichen Worte wurden als guter Ratschlag allgemein geschätzt und anerkannt.

Du hast Dich immer für die Allgemeinheit und Deine Freunde eingesetzt.

Du warst uns ein treuer und guter Kamerad, auf den wir uns stets verlassen konnten.

Wir danken Dir und werden Dich und den Qualm Deiner Zigarre sehr vermissen, aber niemals vergessen.

Deiner lieben Lebenspartnerin Kim gilt unser tiefstes Mitgefühl.

Als Unternehmer hast Du wie ein Esel große Lasten tragen müssen, die oft mit großen Sorgen und Ärgernissen verbunden waren. Unter dieser zunehmenden Last brechen immer mehr Unternehmer gesundheitlich zusammen . . . So auch Du – mitten aus dem Leben gerissen.

Tschüß
Deine Freunde

Oliver und Timo D ,
Wilfried G **und Hans-Peter W**

Erstaunliche Einblicke in die Welt eines Ministerialdirigenten eröffnet die Anzeige für Franz-Josef B., dessen Einsatz für den neuen Flughafen in München mit einem vieldeutigen Goethe-Zitat gewürdigt wird. Es hat ganz den Anschein, als sei das Projekt aus nicht ganz uneigennützigen Motiven befördert worden.[2]

„Gönnt mir den Flug."
Goethe, Faust II

Dr. Franz-Josef B

Ministerialrat i. R.

* 9. 5. 1911   † 9. 2. 1994

Dank allen, die ihm im Leben freundlich begegneten, auch allen, die seine Bemühungen um einen neuen Flughafen München förderten.

Beruflich auf Spurensuche war der Kriminalbeamte Ludwig H., dessen Tätigkeit durch Hinzufügung der Pfeife etwas sherlock-holmes-haftes bekommt. Doch nun gilt es seine eigenen Spuren zu würdigen.

Ein lieber Mensch, der lange mit uns gelebt, kann uns nicht genommen werden. Er lässt eine leuchtende Spur zurück.

Ludwig H

Kriminalbeamter a. D.

* 6. 3. 1937   † 7. 8. 2009

In Liebe:
Waltraud H
Robert H
Susanne D
Ingeborg G
mit Familien

Die Trauerfeier findet am Mittwoch, dem 12. August 2009, um 11.30 Uhr im Krematorium, St.-Martin-Straße 41, München statt.

[2] Goethe-Enthusiasten, die sich im Faust II bis zu Vers 9899 durchgekämpft haben, ergreift noch größeres Entsetzen. Denn mit den Worten »Dorthin! Ich muss! Ich muss! Gönnt mir den Flug!« schwingt sich Fausts Sohn Euphorion – alle Warnungen ignorierend – in die Lüfte und stürzt ab.

Weniger leuchtend als tief sind die Spuren, die Oberlandwirtschaftsrat Friedrich K. in heimischer Scholle hinterlassen hat.

Er hat ein reiches Leben geführt und tiefe Spuren hinterlassen. Wir werden ihn nicht vergessen.

Friedrich K

* 13. 6. 1898   Oberlandwirtschaftsrat a. D.   † 6. 5. 1981

Im Falle von Erich S. beeindruckt die Kombination dreier Berufe bzw. Berufungen, die sich aufs Trefflichste ergänzen.

Erich S

Oberamtsrat a.D., Autor, Friedhofsexperte
9. 11. 1918 – 21. 9. 2009

Angela S

Auf Wunsch des Verstorbenen fand die Beisetzung in aller Stille statt.

Mehr in den künstlerisch-kreativen Bereich verweist die Anzeige für Baron Erwin A. Cudek von S. Auch wenn nicht klar auszumachen ist, wer hier wen oder was sucht, so hätte man den schauspielernden Herrn Baron doch gerne einmal kennengelernt. Schon seines »ethnischen Weltbilds« wegen.

Sterben ist, ohne zu vergehen
Laotse

Auf der Suche nach einem ethnischen Weltbild, dem geistigen Streben nach Erkenntnis, erlöste der Schöpfer

Baron Erwin A. Cudek v. S

Antiquar – Schauspieler

5. 1. 1918   23. 9. 1991

Der Dritte, der uns durch seine ungewöhnliche Fächerkombination verblüfft, ist der eigenwillige Manfred R. Dabei lässt sich aus dem Anzeigentext fast schon eine gewisse Erleichterung herausspüren, dass seine Jagdgründe nun nicht mehr von dieser Welt sind.

Er lebte sein kurzes Leben wie er es für richtig hielt.
Möge er in den ewigen Jagdgründen nach seiner Fasson glücklich werden.

Manfred R

Kabarettist und Diplom-Mathematiker

* 26. 3. 1950   † 27. 8. 2008

Ein Weltenbummler hat seine letzte Reise angetreten. Auf Wiedersehen
Good bye اعادو نسح Sur revoir Adiós tot ziens Näkemiin До
свидания Arrivederci tstesoutyoun sag olun Agur довиждане
salutu gxis revido do widzenia ka kite anoo Баяртай la revedere uz

redzēšanos **Kundendienstingenieur** สวัสดครับ
sayônara güle güle na
po do hasta la vista

Gerhard P

vidjenja näkemiin
äddi beannachd
leat hej då *22.03.1923 †04.03.2010 farvel salute
z bogom selamat tinggal bless slán lehitraot Hindi alvida adiosu
valete dzéch lu xin chào tạm biệt oant sjen head aega antio
orévwa ha det khodâfez thwa me knor parahi na shledanou ahn
nyung hee ka se yo dogledanje hamba kahle adeus saħħa bi xatre te
cíao phob khan mai kwa heri Tagalog paalam viszontlátásra

Beeindruckend polyglott verabschiedet
sich der weltläufige Kundendienstingenieur Gerhard P. Ein wenig verstörend ist
allerdings, dass sich trotz der zahlreichen
Abschiedsgrüße keine Hinterbliebenen zu
erkennen geben.

04

»I saw the light«

Grafisch ansprechende Anzeigen

Das grafische Erscheinungsbild von Todesanzeigen ist schon recht einheitlich. Das
hat durchaus Vorteile. So wissen Sie als
Leser sofort, in welcher Rubrik Sie gelan-
det sind, wenn Sie die Zeitung hier auf-
schlagen. Bei Heirats- oder Stellenannon-
cen liegt der Fall nicht immer ganz so klar.
Zweitens können Sie bei der Gestaltung
einer Traueranzeige nicht viel falsch machen, wenn Sie einfach den Konventionen
folgen. Diese erlauben es zudem, sich kurz
zu fassen, ohne vieldeutige Abkürzungen
verwenden zu müssen wie bei den Woh-
nungs- und Kontaktanzeigen. Und drit-
tens fallen Anzeigen sofort auf, wenn sie
grafisch nur ein wenig von der gewohnten
Normanzeige abweichen. Die schönsten
dieser »Abweichler« haben wir auf den
nächsten Seiten versammelt. Dabei könnten sie durchaus auch in anderen Kapiteln
auftauchen. So wie unsere erste Anzeige
im Kapitel mit den »Dankesanzeigen«.
Allerdings scheint hier die äußere Form
doch besonderes Gewicht zu haben. Der
leere Raum macht es sinnfällig: Außer diesem einen Wort gibt es nichts zu sagen.

Danke Norbert

ATTILA · JÜRGEN · KRISTIAN · VOLKER

Der Sinn unseres Lebens
ist der Weg und nicht das Ziel.

Arthur Schnitzler

Bon Camino

Werner M

✳ 23. März 1949   † 9. September 2009
auf dem Jakobsweg nach
Santiago de Compostela

Danke für den gemeinsamen Weg.

In Liebe
Deine Brigitte
Beate und Siegbert
mit Florian und Marius
Thomas und Kristina
und alle Angehörigen

59494 Soest,

Wir gedenken seiner in der hl. Messe am Freitag, dem 18. September 2009, um 11.00 Uhr in
der Heilig-Kreuz-Kirche zu Soest. Anschließend ist um 12.00 Uhr die Beisetzung auf dem
Osthofenfriedhof in Soest.

Auch die guten Wünsche für den Weg von
Werner M. wirken rundherum stimmig.
Man muss gar nicht wissen, dass die Mu-
schel das Zeichen des Apostels Jakob und
damit der Jakobspilger ist, um an dieser
Anzeige Gefallen zu finden.

Ein kleines Meisterwerk ist die Anzeige für Rudolf F., den wir nur noch in der Rückenansicht zu sehen bekommen. Dazu der handschriftliche Text, den man am besten laut liest – auch wenn man mit dem Schwyzerdütsch so wenig vertraut ist wie wir. Schlichter und, jawohl, ergreifender lässt es sich kaum mitteilen, dass ein nahestehender Mensch von uns gegangen ist.

De Ruedi isch gange

Er hät kämpft
g'hofft
doch dä Krebs isch stärker gsi

Rudolf F
15.09.1941 – 17.09.2008

In Begleitig vo sine Aghörige und dä fürsorglichä Pfläg vom Aerzteteam und dä Pflegende vo dä Onkologie Triemli hät er friedlich chöne iischlafe.

Mir alli sind ganz fest truurig und nähmed am 23.09.2008 um 10.30 uf äm Friedhof Altstetten bim Gemeinschaftsgrab vom Ruedi Abschied.

Elisabeth M
Nadia M   und Michael B.
Simon M
Franz und Lisel F   , Einsiedeln
Hans und Lydia F   mit Familie, Schongau
Kurt und Angelika F   , Kilchberg
Ruth und Hans N   mit
Sabrina und Fabian, Unterägeri
Barbara und Dieter Z   , Reutti/Deutschland

Truuradressä:
Elisabeth M

8047 Zürich

Anstell vo Bluemä bittet mir um unterstützig für d'Krebsliga Sohweiz mit enere Spend uf's PC-Konto 30-4843-9, Vermerk: Trauerspende Ruedi F

JS011.38

Auf ihre Art ergreift uns auch die Anzeige
für die knapp 90-jährige Hedwig Margarete. Indem ihre Geburtsanzeige noch einmal
als Faksimile eingerückt wird, rücken Geburt und Tod einander bedenklich nahe.

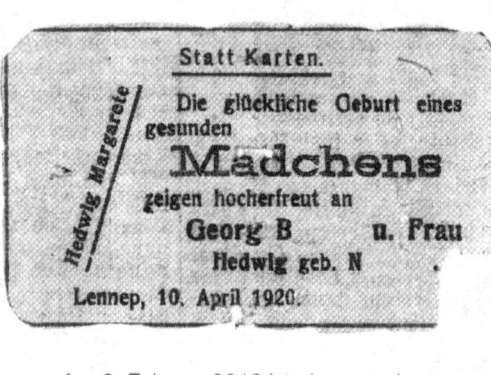

Statt Karten.

Die glückliche Geburt eines
gesunden

Mädchens

zeigen hocherfreut an

Georg B   u. Frau
Hedwig geb. N

Lennep, 10. April 1920.

Hedwig Margarete

Am 9. Februar 2010 ist sie gestorben.

Die Beisetzung fand im engsten Familienkreis statt.

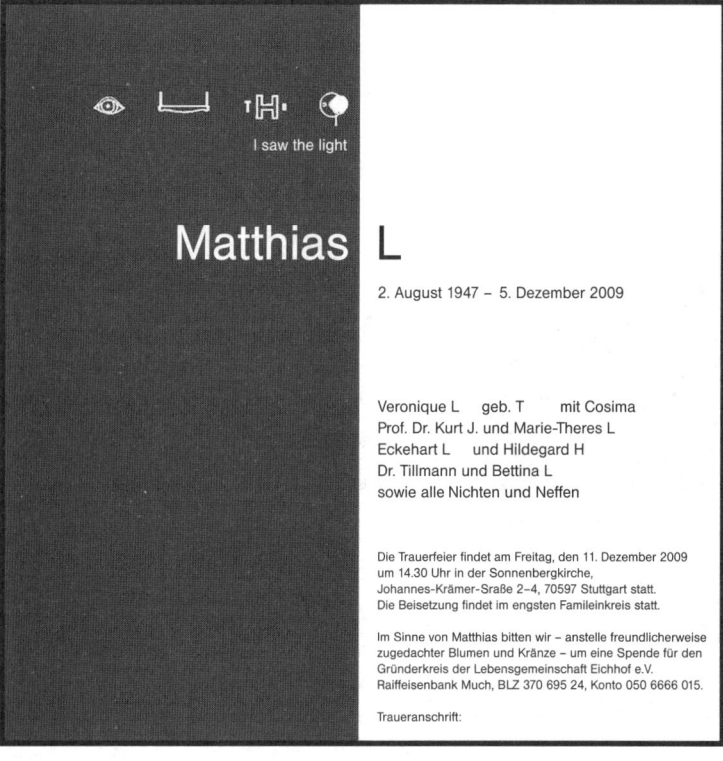

I saw the light

Matthias L

2. August 1947 – 5. Dezember 2009

Veronique L   geb. T   mit Cosima
Prof. Dr. Kurt J. und Marie-Theres L
Eckehart L   und Hildegard H
Dr. Tillmann und Bettina L
sowie alle Nichten und Neffen

Die Trauerfeier findet am Freitag, den 11. Dezember 2009
um 14.30 Uhr in der Sonnenbergkirche,
Johannes-Krämer-Sraße 2–4, 70597 Stuttgart statt.
Die Beisetzung findet im engsten Famileinkreis statt.

Im Sinne von Matthias bitten wir – anstelle freundlicherweise
zugedachter Blumen und Kränze – um eine Spende für den
Gründerkreis der Lebensgemeinschaft Eichhof e.V.
Raiffeisenbank Much, BLZ 370 695 24, Konto 050 6666 015.

Traueranschrift:

Ungewöhnliche Kontraste setzt die Anzeige für Matthias L. Die hieroglyphenartigen Elemente geben dem Ganzen eine leicht altägyptische Anmutung.

Bleiben wir in der Kunstgeschichte: Wie ein Triptychon erscheint die Anzeige für Kathrin M. Dabei liegt es nahe anzunehmen, dass die beiden Bilder von der Verstorbenen selbst gestaltet wurden.

Kathrin M
CATH

7. Juni 1969
17. Mai 2001

Wir spüren Dich.
Alle, die Dich lieben.

Willy Moese

* 21. 07. 1927   † 14. 02. 2007

„Wer dagegen ist, den bitte ich um das Handzeichen"

...natürlich waren wir dagegen, aber der Liebe Gott hielt den
14. Februar 2007 offenbar für den richtigen Zeitpunkt,
um unseren geliebten Ehemann und Vater Willy Moese
zu sich zu nehmen.

**In Dankbarkeit für die wunderbare Zeit
Maria, Karoline, Felix & Heinz**

Die Beisetzung findet am 22. Februar um 14.00 Uhr
auf dem Friedhof Kaulsdorf, Dorfstr. 24 statt.

Auch in der obigen Anzeige stammt die Zeichnung vom Verstorbenen. Dabei handelt es sich um den Comiczeichner und Karikaturisten Willy M., der einstmals in der DDR sehr populär war. Dass er jedoch nicht zu den linientreuen Werktätigen am Zeichenstift gehörte, lässt auch diese Karikatur erahnen. Einstimmigkeit wird auf eine sehr wirksame Weise hergestellt, die auch im Westen nicht ganz unbekannt ist.

Mit einer humoristischen Zeichnung ist nicht nur zu rechnen, wenn ein Karikaturist zu betrauern ist. Gelegentlich gehört ein solcher auch zu den Hinterbliebenen und greift zum Stift, um sich von einem Angehörigen zu verabschieden. So wie Rötger Feldmann, besser bekannt unter dem Namen Brösel, Schöpfer der Comicfigur Werner. Mit seiner Frau Petra trauert er um Onkel Fritz. Für die wenigen Leser, die keen Plattdüütsch snacken: »buten« heißt »draußen«, »sülven« heißt »selbst« und »kiek« heißt »schauen«. Kurzum, wenn es draußen regnet, sollen wir in uns selbst hineinblicken. Ehe wir uns noch versehen haben, ist es draußen wieder schön.

WIR TRAUERN
UM UNSEREN ONKEL.

FRITZ O

GEIT DE REGEN BUTEN DAAL
KIEK MAN IN DI SÜLVEN MAAL
EHR DU DI NOCH HEST VERSEHN
IS DAT BUTEN WEDDER SCHÖÖN

PETRA+RÖTGER FELDMANN UND FAMILIE

Doch nicht nur die Profis peppen Traueranzeigen mit einer eigenhändigen Illustra-
tion auf. Auch die Angehörigen der Katho-
lischen Jungen Gemeinde verabschieden
sich mit etwas Selbstgemaltem von der
warmherzigen Pia.

Mit Deinem Lachen hast Du uns viel Wärme,
Menschlichkeit und Freude gegeben.

Pia

Du bist bei uns!

Deine KJGler

Oder es sind talentierte Freunde, die sich
mit dem Zeichenstift ihre Gedanken über
das süße Jenseits machen. So wie bei
Schlagzeuger Charly W., der über den
Wolken Jazzlegende Miles Davis den Takt
vorgeben darf.

BIN AUF TOURNEE!

CHARLY W

(2.2.1933 bis 31.12.2009)

Die Trauerfeier zur Einäscherung findet am Freitag,
dem 8. Januar 2010 um 14:00 Uhr in der Trauerhalle des
Düsseldorfer Nordfriedhofes statt.

Ein musikalisches Motiv bestimmt auch die Anzeige für Friedrich M., der vermutlich von seinen Kindern als »F-ATER« ferabschiedet wird.

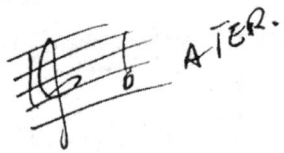

Friedrich M

5. März 1915   20. August 1993

Nicht weniger gelungen erscheint uns die Anzeige mit musikalischer Mücke für Wilhelm Mückenhausen. Die dreijährige Leidenszeit wird von denen, die ihm nahe waren, sehr dezent, man möchte fast sagen: charmant umschrieben.

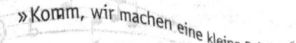

Wilhelm Mückenhausen

* 12. Mai 1935   † 4. Februar 2010

Eigentlich wäre Willi schon 2007 von uns gegangen. Aber weil »da oben« Hochbetrieb herrschte, entschied der Herrgott damals, ihn noch nicht zu sich zu nehmen. Doch jetzt sollte er nicht mehr länger leiden müssen und so öffnete er Willi das Himmelstor zu denen, die bereits auf ihn warteten.

Helga, Frank und Melanie
... für alle, die ihm nahe waren ...

Tschüss Mann, tschüss Papa, tschüss Willi!

Die Beisetzung hat seinem Wunsch entsprechend im kleinsten Kreise stattgefunden.

Dem Team des St. Katharinen-Hospiz Frechen sagen wir von Herzen »Danke« für die Fürsorge um unseren Willi während seiner letzten Zeit! In seinem Sinne bitten wir um Spenden für das Hospiz, Konto: 151 000 506, Kreissparkasse Köln BLZ: 370 502 99, Zweck: Willi Mückenhausen.

Es sind keineswegs immer die besonders kunstvollen Zeichnungen, die uns stark berühren. Oft ist das Gegenteil der Fall: Die etwas krakelige Friedenstaube für Jörn wird sentimentalen Gemütern ebenso zuverlässig die Tränen der Rührung in die Augen treiben wie das steife Häschen mit dem abgeknickten Ohr und der Blume zwischen den Pfoten.

JÖRN

*14. September 1970
✝ 11. März 2004

Leuchtende Tage.
Nicht weinen, dass sie vorüber.
Lächeln, dass sie gewesen.

In unendlicher Liebe und Dankbarkeit nehme ich Abschied von meiner lieben Frau und meinem liebsten Häschen

Karin C
geb. R

* 26. 11. 1937 Kiel   ✝ 23. 2. 2010 Iffeldorf

Iffeldorf   **Manfred C**
                   im Namen aller Angehörigen und Freunde

Gottesdienst am Mittwoch, den 3. März 2010 um 13.00 Uhr in der Aussegnungshalle im Friedhof Penzberg.
Die von meiner Frau gewünschte Seebestattung in Kiel/Strande erfolgt zu einem späteren Zeitpunkt im engsten Kreis.

Wir denken an Dich.

Auf eine etwas andere Art verleiht Andreas seiner Anzeige für Willi S. eine ganz persönliche Note.

Willi S

Er starb am 21.12.2009
Am 1.11.2009 konnten wir noch deinen siebzigsten Geburtstag gemeinsam feiern.
Es war nicht immer leicht, wir haben trotzdem viel erreicht!

Andreas und alle Angehörigen
Die Trauerfeier und die Beisetzung findet am 30.12.2009 um 13 Uhr auf dem Friedhof Fuldatal - Ihringshausen statt.

Plötzlich und unerwartet verstarb nach schwerer Krankheit mein lieber Ehemann, unser lieber Vater und toller Opa

Heinrich D

* 26. Juni 1941 † 21. August 2009

Es war so reich dein Leben,
an Müh' und Arbeit, Sorg' und Last.
Wer dich gekannt, wird Zeugnis geben,
wie fleißig du geschaffen hast.
Nun ruhe sanft und schlaf in Frieden,
hab tausend Dank für deine Müh',
wenn du auch bist von uns geschieden
in unseren Herzen stirbst du nie.

In Liebe und Dankbarkeit
Deine Frau Sybille
Dein Sohn Hans-Jürgen
Deine Tochter Melani und Ralph
Deine Enkel Alina und Sofia

21255 Tostedt
Die Trauerfeier mit anschließender Beisetzung findet am Freitag, dem 28. August 2009, um 13.00 Uhr auf dem Friedhof in Tostedt statt.

Wieder andere setzen uns in Erstaunen durch die Wahl eines in diesem Genre bislang eher unüblichen Motivs. Aber gerade dadurch bekommen wir wohl erst einen angemessenen Eindruck, was dem Verstorbenen die Rasenpflege bedeutet hat.

Entsprechendes trifft vermutlich auch auf die Anzeige für Günther L. zu – sofern es sich nicht um eine tragische Bildverwechslung handelt (→ unser Kapitel »Kleine Fehler«). Eben weil der schnittige Sportwagen im nebenstehenden Text mit keiner Silbe erwähnt wird, bekommt er eine Selbstverständlichkeit, die ihn weit über ein bloßes Hobby hinaushebt. Lässt sich besser ausdrücken, dass einem Menschen sein Auto wahrhaft heilig ist?

Es ist schwer,
einen geliebten Menschen
zu verlieren.
Es ist wohltuend,
so viel Anteilnahme zu finden.

Wir danken allen, die in Wort und Schrift seiner gedachten.

Günther L

* 24. 10. 1943   † 14. 1. 2010

Brigitte L
Natalie L
Douglas

61381 Friedrichsdorf

Die Beerdigung fand in aller Stille statt.

Nach kurzer schwerer Krankheit ist
unser lieber Vater und Opa friedlich eingeschlafen.

Erwin R

Der Rubens von der Reeperbahn

* 24. Oktober 1926   † 12. Februar 2010

In Liebe und Dankbarkeit

Jürgen und Rita R
mit Christopher und Julia
Rudolf und Marita R
mit Grit und Dana

im Namen der Familie

22549 Hamburg,

Wir nehmen Abschied am Freitag, den 26. Februar 2010, um 13.00 Uhr
in der Kapelle des Groß Flottbeker Friedhofes, Stiller Weg.

Ganz gewiss das richtige Bild gewählt
haben die Angehörigen für Erwin R. Sein
Beiname als »Rubens von der Reeperbahn« verlangt ja nach einem aussage-
kräftigen Bildmotiv, das jedoch zugleich
noch die Anzeigenredaktion zu passieren
vermag.

Wenn ihr an mich denkt, seid nicht traurig.
Erzählt lieber von mir und traut Euch zu lachen.
Lasst mir einen Platz zwischen Euch,
so wie ich ihn im Leben hatte.

WERNER D

* 23. 9. 1931   † 17. 9. 2009

„Geht zurück ins Leben und lacht für mich weiter."

In Liebe

Deine Leni
Wolfgang und Familie
Beate und Familie

40882 Ratingen

und alle, die ihm nahe standen

Wir haben im engsten Familienkreis Abschied genommen.

Wir haben es erwähnt: Todesanzeigen sind sehr stark von Konventionen bestimmt. Das führt allerdings dazu, dass der Knalleffekt umso größer ist, wenn man die Konvention scheinbar einhält und sie dann doch durchbricht. So wie in der Anzeige für Werner D., in der anstelle des christlichen Kreuzes nun ein Kreuz ganz anderer Art uns an unsere Sterblichkeit erinnert.

Ob Absicht oder nicht: Auch das stehende Ampelmännchen erinnert an ein Kreuz, wenn es oben in einer Todesanzeige erscheint. Schließlich lässt sich der Tod aus guten Gründen mit einem Stoppsignal in Verbindung bringen. Und wenn man dann noch das Ampelmännchen überhaupt erfunden hat wie Karl P., ist das als Bildmotiv geradezu zwingend. Dass sich unter dem Text das gehende Ampelmännchen befindet, macht zudem Mut, dass es nach dem Tod dann doch irgendwie »weitergeht«.

Wir trauern um den Erfinder der Ampelmännchen
Herrn Dipl. Psychologen

Karl Peglau

*18.5.1927   † 29.11.2009

Wir verlieren in ihm einen guten Freund und kritischen Mitgestalter.
Immer aktiv wie der Geher, wies er uns mit seiner Erfahrung den richtigen Weg.
Mit Witz und Charme sorgte er auch für besonders warme Momente,
die wir uns gerne bewahren möchten.
Wir werden uns ebenso wie er dafür einsetzen,
dass die Ampelmännchen immer Fröhlichkeit und Zuversicht verbreiten.

Die AMPELMANN GmbH

Zum Gedenken

Otto B

* 15. 1. 1932 † 16. 7. 1983

Eva B

Unser letztes Motiv setzt ein eindrucksvolles Zeichen. Und es leitet bereits über
zu unserem nächsten Kapitel, das den Anzeigen für Ehe- und andere Partner gewidmet ist.

05

»Meine geliebte Schmuse-wolle«

Anzeigen für Ehe- und andere Partner

Sie gehören schon in ein ganz eigenes Kapitel: Die Inserate, die dem Herzenspartner gewidmet sind, ob man nun ehelich miteinander verbunden war oder gerade nicht. Häufig richtet der Hinterbliebene hier seine Worte direkt an den Verstorbenen. Und weil das in der Zeitung geschieht, wo auch der brave Nachbar mitlesen kann, bekommen solche Texte etwas leicht Bühnenhaftes, Pathetisches, Theatralisches. So wie bei Karl-Heinz, der für seine Erika »irgendwo auf dieser Welt« eine Blume ins Meer wirft. Dass Erika solche Gesten schon zutreffend einzuschätzen vermag, deutet sich in dem indirekten Zitat an.

Erika

Alle Flüsse, alle Meere und alle Ozeane sind irgendwie miteinander verbunden und wenn ich irgendwo auf dieser Welt eine Blume ins Meer werfe, dann denke ich, dass irgend etwas davon bei Dir ankommt und Du weißt, was ich damit sagen will, denn Du sagtest immer, es gibt Menschen die reden viel, aber sie sagen nichts.

Erika, das Leben ohne Dich tut so weh, aber Du weißt ja, gestorben sind nur die Menschen, die man vergisst.

In Gedenken an Dich:
Dein Mann Karl-Heinz

Auch Rudi richtet eine persönliche Botschaft an seine Renate. Dabei verbindet sich tiefe Dankbarkeit mit ebenso tiefer Ratlosigkeit, die Rudi in drei sehr grundsätzliche Formeln zu fassen versucht. Nicht ohne Reiz ist dabei der Anklang an Shakespeares Hamlet einerseits (»Es gibt mehr Dinge zwischen Himmel und Erde, als eure Schulweisheit sich träumt, Horatio« – 1. Akt, 5. Szene) und die Sesamstraße andererseits (»Wieso, weshalb warum? Wer nicht fragt, bleibt dumm«).

DANKBAR IST DIE BRÜCKE, DIE ZWEI HERZEN VERBINDET
RENATE K   13.09.1940 - 24.12.2000

ES GESCHEHEN DINGE -
    MAN FRAGT SICH - WARUM
ES GESCHEHEN DINGE -
    MAN FRAGT SICH - WIESO
ES GESCHEHEN DINGE -
    MAN FRAGT SICH - WESHALB

DEIN LEBEN LANG -
    WARST DU FÜR MICH DA - RENATE
DEZEMBER 2009   DEIN RUDI

Und auch unsere dritte Anzeige ist an den Verstorbenen gerichtet, der auf diese Weise an einen ganz besonderen Hochzeitstag erinnert wird.

Heute, am 27. Mai 2007, wäre es soweit gewesen, nun hätten wir unsere

Silberhochzeit

feiern sollen, doch, du mein lieber Mann „Gerhard (Buba) S   " hast mich am 6. 2. 2007 für immer verlassen.

Ich „Rita S   " und unsere 8 Kinder vermissen dich sehr. Wir hätten viel lieber diesen Ehrentag mit dir gefeiert.

In Liebe
Deine Rita und Deine Kinder

Gleichfalls 25 Jahre währte die Verbindung zwischen Mario S. und seiner geliebten »Schmusewolle«, die offenbar von einem langen Leiden erlöst wurde. In einer anrührenden Aufzählung rekapituliert der Ehemann die gemeinsamen Glücksmomente.

Sie war das Beste was ich je hatte
Meine so sehr geliebte Schmusewolle ist gestorben

Helga S

* 30. Mai 1952	† 23. November 2009
in Bonn	zu Hause

Ich vermisse sie sehr:
Mario S
und Weihnachtskatze Lilli Mäuschen und Mimmi

Mehr als elf Jahre krank, jetzt kann sie nicht mehr

mich umarmen, liebhalten, mit mir schmusen, mich lieben

stricken, häkeln, sticken, knüpfen, glasmalen, salzteigarbeiten
puzzeln, kreuzworträtseln, lesen, den Garten pflegen

klavierspielen auf dem weißen Schimmel:
Werke von Beethoven, Schubert, Schumann, Chopin,
Opern in München erleben und klassische Musik hören

Andechs und das Oberland besuchen
Kärntens 3000er besteigen, kraxeln im Südtiroler Ahrntal
geistig nochmals die Besteigung des Kilimandjaro erleben

wandern und Erholung finden auf Elba, sich erinnern an die Heirat dort

Niemand kann mir die letzten 25 Jahre wiedergeben, die jetzt beendet sind

Sie ist und bleibt immer die Beste

Einer von der schnellen Sorte war Herbert B. Doch auch seine Doris kommt rasch auf den Punkt. Ganze zwei Sätze genügen ihr, um mit liebevoller Ironie ein sehr lebendiges Porträt ihrer Ehe zu zeichnen.

Bitte radle im Himmel nicht so schnell durch die Wolken …

Herbert B
* 5. 12. 1926   † 6. 12. 2005

Du weißt doch, ich konnte dir schon auf Erden nicht ganz folgen.

Doris B

Nicht weniger liebevoll und doch erfrischend sarkastisch erscheint uns die Anzeige für den reiselustigen Harald S. aus dem badischen Nollingen.

Die nächste Reise haben wir uns anders vorgestellt...

Unser gemeinsames, glückliches Leben ist zu Ende.

Harald S
* 28. Oktober 1929 † 5. Januar 2010

In Liebe und Dankbarkeit nehmen wir Abschied.

Hanni S
Nelly und Peter D   mit Adrian, Marisa und Julian,
Annika und Lukas
Sylvia und Wolfgang S   mit Vincent und Hendrik

Familien S   und B   sowie alle Angehörigen

79618 Nollingen,

Auch in der folgenden Anzeige kommt die Liebe nicht zu kurz. Allerdings gilt sie hier weniger dem Ehepartner als den gemeinsamen Freunden, die bei dieser Gelegenheit nun auch nicht übergangen werden sollten.

Brigitte

* 3. 7. 1942   –   † 17. 7. 1994

Liebe Freunde,
Wir haben Euch lieb.

Heinz B

Dass innige Beziehungen auch jenseits ehelicher Verhältnisse bestehen können, ist keine Überraschung. Doch selten wurde es so treffend formuliert wie in der Anzeige für Lebenspartner Georg W.

Allen meinen Freunden und Bekannten gebe ich die traurige Nachricht bekannt, daß mein geliebter unvergeßlicher Lebenspartner

Georg W

nicht mehr in meiner Mitte weilt.

In tiefer Trauer:
Ellen S

97299 Zell am Main,
Die Beerdigung findet am Mittwoch, dem 16. Juli 1997, um 13 Uhr auf dem Alten Friedhof statt.

Nachruf für

Elisabeth K

geb. K
Uhrmachermeisterstochter

* 12. 12. 1909 in Böblingen,   † 4. 10. 1991

Im Andenken an unsere gemeinsame Zeit mit all unseren Tierarten, welche bei Dir immer Liebe und Aufnahme fanden (zum Beispiel „Winterquartier der Stadtschwäne") bleibst Du mir immer im lieben Andenken verbunden.

In tiefer, tiefer Trauer mußte ich es hinnehmen, als Du seelisch mit Polly im Gespräch Abschied nahmst.

Wie versprochen gebe ich Dir das Medaillon mit Deinem Vater und Deinem Kindkopfporträt enthaltend, mit neuer Kette versehen, ebenso Deine Armbanduhr von Deiner ersten Reise aus Amerika mit auf Deinen Weg.

> In freundschaftlicher Liebe und Treue
> werden wir uns sicher wiedersehen.
>
> Mit innigster Herzlichkeit
> **Dein Kurt**

Die Beerdigung findet am Donnerstag, dem 10. 10. 1991, um 14 Uhr auf dem alten Friedhof in Böblingen statt.

Als Lebenspartner der besonderen Art müssen wir auch den zoologisch interessierten Kurt betrachten, der sich von der Uhrmachermeisterstochter Elisabeth K. verabschiedet. Und dabei der »gemeinsamen Zeit mit all unseren Tierarten« gedenkt. Ungewöhnlich auch die detailgenaue Schilderung der Grabbeigaben, für deren tadellosen Zustand Kurt gewissenhaft Sorge trug (man denke an die »neue Kette«). Doch am rätselhaftesten ist der mittlere Absatz, in dem von »tiefer, tiefer Trauer« die Rede ist, die sich einstellte, als die Uhrmachermeisterstochter »seelisch im Gespräch mit Polly Abschied« nahm.

Um verschiedene Tierarten und die gemeinsame Zeit geht es auch in dem feinfühligen Nachruf, den Kurt B. für seine hochbetagte Altersgefährtin Charlotte E. formuliert hat. Uns beeindruckt aber nicht nur die Geschichte vom Schokomarder, sondern auch der letzte Satz. So eine steinharte Schluss-Sentenz muss man sich erst mal trauen.

Kurt B
straße 19
71032 Böblingen

Böblingen, am 03. April 2005

Nachruf für

Charlotte E

geb. P

✻ 04. September 1910
- in Heilbronn am Neckar -

✝ unerwartet am 03. April 2005 um ca. 10.30 Uhr
- in Böblingen -

Im Andenken an unser verständnisvolles gemeinsames Leben von etwa 11 Jahren, hatten wir trotz unseres Alters eine große Verbundenheit durch unsere Tierliebe u. a. zu den Schwänen, bestätigt durch die allabendlichen Besuche unserers Freundes, dem Marder, der immer gerne Ritter Nougat Schokolade mag.

In tiefster Trauer muss ich nun akzeptieren,
dein plötzlicher und schmerzlicher Abgang,
ich werde einsam sein

In Liebe und Treue
werden wir uns wiedersehen
mit innigster Herzlichkeit
Dein Kurt

Die Beerdigung findet am Freitag, den 08.04.2005, um 14.00 Uhr auf dem alten Friedhof in Böblingen statt (vom Haupteingang in Richtung Holzkreuz).

Und auch in unserer nächsten Anzeige kommen wir um gewisse Tierarten nicht herum, obwohl wir den Tieren doch ein eigenes Kapitel spendiert haben (→ S. 169). Allerdings gehören Ollybärly und Elamausy unbedingt in die Abteilung der menschlichen Lebens- und Knuddelgemeinschaften. Ihr Fall belegt eindrucksvoll, wie unauflösbar ineinander verwoben Verlassenwerden und Wiedervereinigung sein können. Dass die Kosenamen mit einem Endypsilon ausgestattet sind, verleiht ihnen obendrein einen exquisiten Hauch von Internationalität.

Höchst eigenwillig erscheint die Anzeige für Peter C., dem wohl der »rote Pinsel« zugeordnet werden muss. Was es allerdings mit diesem Malinstrument näher auf sich hat, muss für den uneingeweihten Leser ewig im Dunkeln bleiben. Aber vielleicht sollte man an eine Anzeige keine konventionellen Maßstäbe anlegen, wenn sich unter den Hinterbliebenen ein Mops befindet und die Trauergäste aufgefordert werden, ihre »zugedachten Kränze und Blumengebinde« schön zu Hause zu lassen.

Es gilt als Kennzeichen besonders inniger Liebesbeziehungen, dass der Partner, der allein zurückbleibt, dieses Los beklagt. Denken wir nur an die Anzeige mit dem Schokomarder. Und doch gibt es auch Fälle, in denen der Hinterbliebene gar nicht so unglücklich darüber zu sein scheint, dass er noch ein paar Jahre für sich alleine hat.

Brigitte, ich danke Dir, dass Du vor mir gegangen bist.

Brigitte W

* 31. Mai 1951   † 3. Januar 2009

Das Leben eines geliebten Menschen ist zu Ende gegangen.
Es war geprägt von Liebe und gütiger Fürsorge.

In Dankbarkeit nehmen wir Abschied.

Georg und Stephan W
Heidi und Karsten H
Sascha H

Denselben Gedanken mag auch Marie T. gehegt haben. Dabei fällt ihre Anzeige für Ehemann Gustav entschieden bitterer aus.

Gustav T

★ 15. 10. 1905   † 18. 1. 1990

Uns zum Wohl ist das Band nach fast 58jähriger Ehe zerrissen.

Marie T
und Nahestehende

2880 Brake,

Die Ehe lässt sich ebenso als Aufgabe begreifen, die es zu meistern gilt. So wie im Fall der gläubigen Christin und engagierten Sozialdemokratin Hermine B., die nach Gottes unergründlichem Ratschluss einen Kommunisten und Atheisten heiraten musste, mit dem sich nicht mal reden ließ. Wie uns Neffe Thomas dankenswerterweise wissen lässt. Und wenn wir annehmen wollen, dass es sich bei »deinem Heinz« um eben diesen verstockten Kommunisten handelt, dann ahnt man, dass für »Bina« die Zeit der Prüfungen auch im Jenseits nicht vorüber sein wird.

Gewiss nicht weniger beklagenswert ist es, wenn die Partner erst gar nicht zusammenkommen können und sich gleich auf das Jenseits vertrösten müssen. Wie dramatisch sich die Sache verhält, zeigt der Umstand, dass sich die Liebenden namentlich nicht zu erkennen geben.

Nach einem schaffensreichen, in Güte tapfer ertragenen, ungerechten Leben wurdest du uns zum großen Schmerz aller für immer genommen, mein wunderbarer Lebensgefährte und Bräutigam, du Sonnenschein meines Daseins, mein geliebter Neffe, unser hilfsbereiter lieber Cousin, unser bester Freund und herzensguter Kamerad

Rudolf O

Musiker

* 2. 1. 1914   † 17. 8. 1982

In ewiger Liebe, unendlicher Dankbarkeit
und tiefer Schuld:
Angelika H   , Verlobte

Andere finden erst spät zueinander. Doch achten sie darauf, dass alles seinen geordneten Gang geht und vor einer etwaigen Eheschließung noch das Stadium der Verlobung durchlaufen wird. So wie beim nicht mehr ganz jugendlichen Musiker Rudolf O., für den im Namen aller Angehörigen seine Verlobte inseriert.

Eine bemerkenswerte Reihenfolge findet sich hingegen in der Anzeige für Maximilian Hans Hermann P., dessen Sterbeort zudem seltsam unbestimmt bleibt. Ist es Bescheidenheit oder der dezente Hinweis auf die besonderen Präferenzen von P., wenn sich seine Gattin hinter den geliebten Garten, das Heim und die treuen Hunde einordnet?

Ausgang

Immer enger, leise, leise
Ziehen sich die Lebenskreise,
Schwindet hin, was prahlt und prunkt,
Schwindet Hoffen, Hassen, Lieben,
Und ist nichts in Sicht geblieben
Als der letzte dunkle Punkt.

Theodor Fontane

Maximilian Hans Hermann P

27. IV. 1925 Leipzig   –   21. II. 1994 Welt

mußte viel zu früh seinen geliebten Garten, sein Heim, seine treuen
Hunde und mich verlassen.

An der Anzeige für Ernst E. irritiert den unbefangenen Leser der Umstand, dass die Gemahlin seine Lebenstage akkurat abgezählt hat.

Am 32338. Tage seines Lebens verstarb plötzlich, nach langer Krankheit mein
lieber Mann

Ernst E

Rechtsanwalt

* 8. 3. 1908   † 15. 9. 1995

Träger der Verdienstmedaille des Landes Baden-Württemberg
Landesehrenvorsitzender des Verbandes der Heimkehrer,
Kriegsgefangener, Vermißtenangehöriger Deutschlands,
Landesverband Baden-Württemberg
Vorsitzender des Hilfswerks „Heimkehrerverband"
Landesehrenvorsitzender des Landesarbeitskreises der CDU-Juristen,
Baden-Württemberg

Nicht ohne Bestürzung lesen wir die Anzeige für Stefan Ennio Marcus Z. Dass er
»nach Eichstätt gehen« wollte, deutet auf
eine bevorstehende Trennung hin. Dass er
»bei« seiner Frau geblieben ist und nun
»Richtung Eichstätt liegt«, wirkt schon
sehr bitter.

*Er wollte nach Eichstätt gehen, aber er ist bei mir hier
geblieben. Er liegt Richtung Eichstätt.*   (Katharina)

Stefan Ennio Marcus Z

* 15. 6. 1958   † 19. 9. 2008

ist bei einem tragischen Unfall gestorben.

In tiefer Trauer, wir haben Dich alle geliebt:
Katharina mit **Adriana**
Traudl
Fabio, Bettina mit **Leo**
Und wenn du dich getröstet hast,
wirst du froh sein, mich gekannt zu haben.

Die folgende Anzeige gehört eigentlich in
die Kategorie der »Vehikelanzeigen«, der
wir uns später noch ausführlich widmen
werden (→ S. 197). Der still trauernde Konrad hat nicht etwa seinen Ehepartner,
sondern seine Ehe »zu Grabe getragen«.
Und zwar »im engsten Familienkreis«,
dem die Ehefrau ganz offenbar nicht mehr
angehört. Vermutlich ist sie für den Rest
der Familie »gestorben« – auch wenn sie
nicht »Richtung Eichstätt« liegt.

Ich nehme Abschied

Meine Ehe

11. 9. 1998   3. 1. 2010

Meine Ehe wurde im engsten
Familienkreis zu Grabe getragen.

In stiller Trauer
Konrad
Tina und Gunther

Wie die erste Anzeige dieses Kapitels, so ist auch unser letztes Stück der Zweisamkeit gewidmet. Dass die Eheleute darauf hinweisen: »Wir haben nur uns, nur uns, nur uns«, mag sich noch im Rahmen des Konventionellen halten. Doch das Bekenntnis zum »Doppelschrei« erscheint uns schon recht ungewöhnlich. In diesem Zusammenhang könnte man fast vermuten, dass es sich bei der anstehenden »Freuerbestattung« gar nicht um einen Druckfehler handelt. Damit leitet unsere letzte Anzeige bereits zum nächsten Kapitel über. Darin geht es um die kleinen Fehler und ihre bisweilen sehr weitreichende Wirkung.

Das Einzige, was wir haben,
das sind wir.
Wir haben nur uns, nur uns, nur uns.
Wir sind ein Doppelschrei.

Fellbach
im Dezember 2000

Wir nehmen Abschied von unserem lieben

Wolfgang E

* 12. 7. 1961   † 19. 12. 2000

In Liebe:

Katrin E
mit allen Familienangehörigen

Die Trauerfeier zur Freuerbestattung findet am Freitag, dem 22. Dezember 2000, um 12 Uhr auf dem Friedhof in Fellbach statt.

06

»Die Früchte ihres unermüdlichen Schlafens«

Anzeigen mit kleinen Fehlern

Mehr noch als sonst im Leben gilt bei Todesanzeigen der Grundsatz: Jetzt bloß keinen Fehler machen. Denn recht besehen gibt es für ein Trauerinserat keine zweite Chance. Steht die Sache erst einmal in der Zeitung, so kann auch eine spätere »Richtigstellung« oder die Publikation der korrigierten Anzeige den Schnitzer nicht mehr rückgängig machen. Eher ist das Gegenteil zu erwarten, der fehlerhafte »Urtext« wird durch eine nachträgliche Klarstellung keineswegs getilgt, sondern brennt sich umso stärker unserer Erinnerung ein. Für die Hinterbliebenen kann der kleinste Fehler albtraumhafte Züge annehmen. Immerhin wird das Andenken an einen geliebten Menschen beschädigt. Und das ist nun wahrlich kein Spaß.

Das sollten wir nicht vergessen, wenn wir uns auf den nächsten Seiten mit den kleinen Fehlern beschäftigen, die allen Anstrengungen zum Trotz, sie tunlichst zu vermeiden, eben doch immer wieder vorkommen. Dabei liegt der Reiz dieser Anzeigen oftmals darin, dass sich ein neuer, überraschender Sinn ergibt. Und daran kann man als unbefangener Leser und Sammler schon ein gewisses Vergnügen empfinden, das nichts mit Schadenfreude zu tun hat, sondern mit einer spielerischen Lust am Ungewöhnlichen und Widersinnigen.

So ist auch das Motto in der Anzeige für Inge L. zu verstehen. Dass Inge L. »entschlafen« ist und es sich um »Früchte unermüdlichen Schaffens« handelt, liegt auf der Hand. Aber »unermüdliches Schlafen« weckt doch viel eher unsere Neugier, zumal wenn es reiche Früchte trägt. Was ist »unermüdliches Schlafen«? Wir denken an einen Menschen, der sich nach jedem Aufwachen mit eiserner Disziplin noch einmal auf die Seite dreht und unbeirrt weiterträumt.

Bunte, wilde Träume, hochgestimmte Fantasien, kühne Visionen, die man sich bei wachem Bewusstsein niemals gestatten würde, die Früchte des Schlafens eben. Und doch war es Inge L. verwehrt, diese kostbaren Früchte zu genießen. Warum nur? Hat am Ende der Wecker doch gesiegt? Die tristen Pflichten des Alltags? Oder gab es Überlegungen, die Früchte des Schlafens irgendwie im Wachzustand nutzbar zu machen, um sie zu genießen? Die Antworten darauf muss sich jeder selbst zusammenträumen, wenn er seine eigenen »Früchte des Schlafens« aberntet.

Die Früchte ihres unermüdlichen Schlafens durfte sie nicht mehr genießen.

Plötzlich und unfaßbar für uns alle ist unsere liebe Mutter, Oma, Schwester und Tante von uns gegangen.

Inge L

geb. A

* 11. September 1924 † 31. Juli 1992

**Michael und Issy
Beate und Sven
Trude und Norbert**

2084 Rellingen

Wir nehmen Abschied am Freitag, dem 7. August 1992, um 11 Uhr in der Rellinger Kirche.

Anstelle von Kranzspenden bitten wir um Spenden für den Erhalt der Rellinger Kirche, Vereins- und Westbank Rellingen, Konto-Nummer 11 716 605, BLZ 206 300 11.

Auch das folgende Motto wirft Fragen auf. Von ferne erinnert es an die Arie »Ruhe sanft, mein holdes Leben« von Mozart. Aber wieso heißt es jetzt »auf allen Seiten«? Diesseits und jenseits der Schwelle des Todes? Und was soll in dieser Situation »noch reichen«? Die Zeit, die uns hienieden noch geschenkt ist? Aber wie passt das alles zusammen? Bevor Sie weiterlesen, sollten Sie sich an einer eigenen Deutung versuchen. Also, klappen Sie nach Lektüre der Anzeige das Buch zu und denken Sie nach.

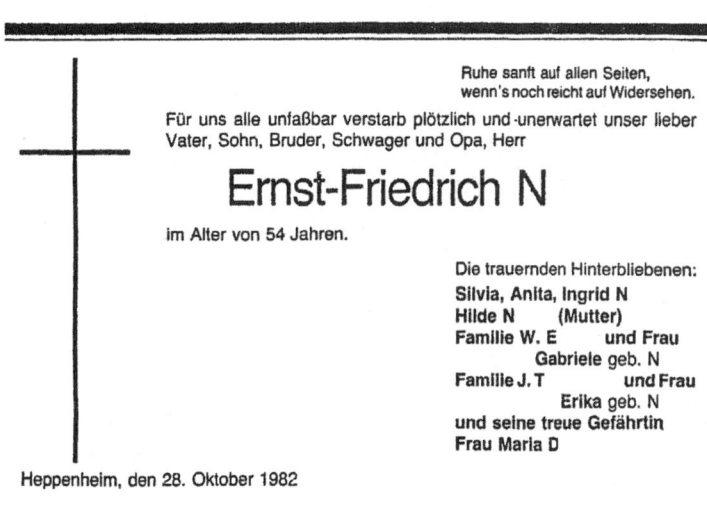

Ruhe sanft auf allen Seiten,
wenn's noch reicht auf Wiedersehen.

Für uns alle unfaßbar verstarb plötzlich und unerwartet unser lieber Vater, Sohn, Bruder, Schwager und Opa, Herr

Ernst-Friedrich N

im Alter von 54 Jahren.

Die trauernden Hinterbliebenen:
Silvia, Anita, Ingrid N
Hilde N (Mutter)
Familie W. E und Frau
Gabriele geb. N
Familie J. T und Frau
Erika geb. N
und seine treue Gefährtin
Frau Maria D

Heppenheim, den 28. Oktober 1982

Was auch immer Sie sich ausgedacht haben, der eigentliche Grund für dieses rätselhafte Motto ist gewiss prosaischer. Wie es sich zugetragen hat, verriet uns Leser H. aus Bensheim: Der Auftraggeber legte dem Text für die Todesanzeige noch einen Zettel mit Anweisungen für die Gestaltung der Kranzschleife bei. Auf Vorder- und Rückseite, mithin auf »allen Seiten«, sollte »Ruhe sanft« stehen. Wenn dann noch Platz bliebe, sollte als letzter Gruß zusätzlich »Auf Wiedersehen« aufgedruckt werden. Der ahnungslose Setzer hielt den Zettel für den zugehörigen Gedenkspruch und fertigte die Anzeige, die daraufhin für einiges Aufsehen sorgte. Herr H. ließ uns wissen, dass der Spruch später sogar in einem Fernsehspiel auftauchte.

Du hast niemals „nein" gesagt

Wir trauern so sehr um unsere

Hannelore W

10.7.1940   8.9.2009

Im Namen aller Angehörigen und Freunde

Kurt W

Die Trauerfeier findet am 21.09.2009, um 10.00 Uhr auf dem
Gertraudenfriedhof statt.

Zumindest doppeldeutig ist die Anzeige
für die stets hilfsbereite Hannelore W.

Wir nehmen Abschied von

Emmi C
"Betty Bossi"

3.9.1912 — 2.10.2006

Wir hatten Sie sehr lieb

»... und immer an den Leser denken!« ist
die Devise eines wöchentlichen Nachrich-
tenmagazins. Die Anzeige für Emmi C.
scheint diesen Wahlspruch jedoch allzu
sehr zu beherzigen.

In diesen Reigen gehört auch unsere titel-
gebende Anzeige, in der aus einem kleinen
Fehler eine tiefe Wahrheit spricht. »Diesseits bin ich gar nicht fassbar«, lautet die
Grabinschrift von Paul Klee. Die Anzeige
für Gudrun S. vermittelt die ermutigende
Botschaft, dass dies für uns alle gilt.

70563 Stuttgart-Vaihingen

Gudrun S

geb. S
31. 1. 1952 - 28. 4. 2001

Wir sind unfassbar!
Unsere liebe Gudrun ist unverhofft gestorben.
Sie war uns eine gute Mutter, Tochter, Schwester, Tante
und Schwägerin.
Sie wird in unseren Herzen weiterleben.

Leonard R
Irmgard S
Gerda R   und Jean Albert L
Mathias und Manuela R   mit Marc
Alexander und Heike R
Susanne und Daniel O
mit Grischa und Simeon
Moritz und Jakob B
Brigitte S
Günter R

Trauerfeier am Donnerstag, dem 3. Mai 2001, um 14.00
Uhr in der Feierhalle des Bestattungshauses Ramsaier, S-
Vaihingen, Katzenbachstraße 58.

Erscheint der Verstorbene auf einem Foto, regt das gleichfalls unsere Fantasie an. Wir stellen uns vor, was das für ein Mensch gewesen sein mag. Zum Beispiel dieser Franz-Josef E. aus dem rheinischen Hückelhoven ...

Statt jeder besonderen Anzeige

Dein ganzes Leben war nur Schaffen,
warst immer gut und hilfsbereit.
Du konntest bessere Tage haben,
doch dazu nahmst Du Dir nur selten Zeit.
Nun ruhe sanft, schlafe in Frieden,
hab tausend Dank für Deine Müh'.
Wenn Du auch bist von uns geschieden,
in unseren Herzen stirbst Du nie.

Wir haben den Mittelpunkt unserer Familie verloren und trauern um meinen lieben Ehemann, guten Vater und Schwiegervater, der nach schwerer Krankheit und Empfang der Krankensalbung heute von uns gegangen ist.

Franz-Josef E

* 31. 8. 1936   † 28. 10. 2009

In Liebe :
Anneliese E
mit Marion und Christian
sowie alle Verwandten
und Freunde

41836 Hückelhoven-Ratheim,

Die Exequien werden gehalten am Montag, dem 2. November 2009, um 14.30 Uhr in der Pfarrkirche St. Johannes der Täufer zu Ratheim.

Anschließend ist die Beerdigung von der Friedhofskapelle aus.

Von Beileidsbekundungen am Grabe bitten wir abzusehen.

Oder auch Hans S., gleichfalls aus Hückelhoven, dessen Konterfei uns doch seltsam vertraut erscheint.

Als die Kraft zu Ende ging,
war's kein Sterben, war's Erlösung.

In Liebe und Dankbarkeit nehmen wir Abschied von meinem lieben Ehemann, unserem väterlichen Freund, Opa und Schwiegervater

Hans S

* 15. 6. 1921   † 28. 10. 2009

In stiller Trauer:

Käthe W
geb. S
Wilfried W
Anne W
Stephanie W

41836 Hückelhoven-Ratheim,

Die Exequien werden gehalten am Montag, dem 2. November 2009, um 9.30 Uhr in der Pfarrkirche St. Johannes der Täufer zu Ratheim.

Anschließend ist die Beerdigung von der Friedhofskapelle aus.

Von Beileidsbekundungen am Grabe bitten wir abzusehen.

Sollte jemand aus Versehen keine besondere Anzeige erhalten haben, so diene diese als solche.

Wenn die Kraft zu Ende geht,
ist Erlösung eine Gnade

In Liebe und Dankbarkeit nehmen wir Abschied von unserer lieben Mutter, Schwiegermutter, Oma, Uroma und Schwester

SR Dr. med. dent. Ina L

geb. L

geb. 25. 06. 1924   gest. 02. 08. 2008

In stiller Trauer:
Cornelia D
mit Gero und Nick
Simone L
mit Helge, Nils, Matthias, Katja und Ben-Louis
Ursula S

Halle und Zeitz, im August 2008

Die Beerdigung findet am Dienstag, dem 12. August 2008 um 10.00 Uhr auf dem Südfriedhof statt.

Mit dem Foto eines anderen Menschen verabschiedet zu werden, ist schon eine schwer erträgliche Vorstellung. Kaum angenehmer ist es, wenn man mit dem eigenen Antlitz in der Anzeige eines Fremden den Leser anlächelt. Doch im Vergleich zu der Bildverwechslung, die Zahnärztin Ina L. erdulden musste, sind die beiden Hückelhovener sogar noch glimpflich davongekommen.

Manchmal genügt nur ein einziger vertauschter Buchstabe, um eine schöne Anzeige zu ruinieren. So haben die Hinterbliebenen von Josefine A. das elegische Gedicht »Der Tod, das ist die kühle Nacht« aus dem Buch der Lieder von Heinrich Heine ausgewählt. Doch womöglich war der Dichter in der Anzeigenannahme nicht so populär wie der blonde Barde mit der dunklen Brille und dem auslautenden O. Eine undeutliche Handschrift mag ein Übriges bewirkt haben. Und so wurden die feinfühligen Verse kurzerhand dem Schöpfer rustikaleren Liedguts (»Karamba-Karacho, ein Whiskey!«) zugeschlagen, was der ganzen Anzeige eine völlig neue Tendenz verleiht.

Der Tod, das ist die kühle Nacht,
Das Leben ist der schwüle Tag.
Es dunkelt schon, mich schläfert,
Der Tag hat mich müd gemacht.
Über mein Bett erhebt sich ein Baum,
Drin singt die junge Nachtigall:
Sie singt vor lauter Liebe,
Ich hör es sogar im Traum.

Heinrich Heino

Nach geduldig ertragenem Leiden ist heute unsere liebe Mutter, Schwiegermutter und Großmutter entschlafen.

Josefine A

geb. B
† 8. 5. 1989

In tiefer Trauer:
Dr. med. Petra R
Prof. Dr. med. Urs.-N. R
Florian und **Julia**
und Anverwandte

Stuttgart,
Traueranschrift:
7800 Freiburg i. B.,

Einen Hörfehler vermuten wir in der Anzeige für die Ärztin Hildegard C., die, anstatt nach römisch-katholischem Ritus, nach einem solchen Rhythmus bestattet wurde. Das klingt nicht nur wesentlich beschwingter, sondern lenkt unsere Aufmerksamkeit auf ein Element, das traditionell immer ein wenig zu kurz kommt: die rhythmische Gestaltung der Trauerfeier.

Der Herr hat es gegeben,
der Herr hat es genommen,
sein Name sei gebenedeit.

Nach langem, schweren Leiden verstarb meine liebe Schwester

Dr. med. Hildegard C

* 3. 3. 1923   † 18. 4. 1995

Sie hat viele Jahre als Ärztin für Allgemeinmedizin in Hattingen-Südring gearbeitet.

Zur Kenntnisnahme für die Kolleginnen und Kollegen, Patienten und Bekannte.

Die Beerdigung fand am 21. April 1995 in Bad Waldsee (Württemberg) nach röm.-kath. Rhythmus statt.

In dankbarem Gedenken:

Anni C
Oberärztin i. R.
Verwandte und Bekannte

Cuxhaven,

In Tiefer Trauer nehmen wir Abschied von unserem liebsten

Joachim S

* 9. Juni 1952   † 11. August 2009

In Liebe

Annelie
und alle, die ihn lieb haben

Die Trauerfeier findet am Freitag, dem 4. August 2009, um 12.00 Uhr in der Kapelle Brockeswalde statt.

Ebenso ungewöhnlich ist es, wenn die Trauerfeier ein paar Tage vor dem Tod angesetzt wird (wie schon in einer Anzeige in »Aus die Maus«). Natürlich ist der Verdacht erdrückend, dass es sich in beiden Fällen um einen ärgerlichen Druckfehler handelt. Und doch hätte eine solche Terminplanung immerhin den Vorteil, dass die Hauptperson endlich einmal die Chance bekäme mitzufeiern.

Einen Spitzenplatz unter den extravaganten Trauerfeierlichkeiten beansprucht der vorliegende Fall. Auf der anderen Seite: Kann es ein überzeugenderes Bild für die Größe der Verstorbenen geben? Für ihre innere Stärke und tragende Kraft?

Statt Karten

In Liebe und Dankbarkeit nehmen wir Abschied von unserer lieben Mutter, Schwiegermutter, Oma, Schwester, Schwägerin und Tante

Elfriede K

geb. R

* 17.2.1923 † 27.2.1998

Jürgen und Marion K
Hartmut und Elke W
Rüdiger und Renate W
Kai und Petra
Sascha
und Angehörige

Langwedel-Förth, den 27. Februar 1998

Die Trauerfeier findet auf der Verstorbenen im engsten Familienkreis statt.
Bestattung Joh. O

Wenden wir uns dem Berufsleben zu. Es ist gute Tradition, wenn langjährige Mitarbeiter mit einer Anzeige geehrt werden – auch wenn ihre aktive Zeit schon ein wenig zurückliegt. Schwierig wird es nur, wenn sie einen Namen tragen, den man sich so schlecht merken kann. Oder wie es Leserin Jana K. formuliert hat, von der wir diese Anzeige bekommen haben: »Ob Schmid oder Müller, ist doch eh' eine Soße.«

Wir erhielten die traurige Nachricht, dass unser ehemaliger Mitarbeiter

Herr

Rudolf Schmid

am 11. Januar 2010 im Alter von 86 Jahren verstorben ist.

Herr Müller war 49 Jahre für unser Unternehmen tätig.

In Dankbarkeit für viele Jahre guter Zusammenarbeit bewahren wir ihm ein ehrendes Andenken.

Geschäftsleitung, Betriebsrat und Belegschaft der Euscher GmbH & Co. KG

TODESANZEIGE

Mit grosser Bestürzung teilen wir Ihnen den unerwarteten Hinschied unseres verehrten Verwaltungsratspräsidenten

Herrn Ernst Meier

mit.
Wir betrauern einen tüchtigen, umsichtigen, liebenswerten Präsidenten, dem wir ein verdientes, ehrendes Andenken bewahren.

> Geschäftsleitung und
> Belegschaft der
> Bucher APM AG
> Schöntalstrasse 13
> 9320 Arbon

Die Beerdigung findet statt: Donnerstag, den 26. März 1992, 14.00 Uhr. Besammlung auf dem Friedhof in Bassersdorf.

Richtigstellung

Die Inseraten-Abteilung möchte sich für den schwerwiegenden Fehler in der Todesanzeige von Ernst Meier entschuldigen. Aus Mitarbeiter wurde Verwaltungsratspräsident, was wir sehr bedauern.

TODESANZEIGE

Mit grosser Bestürzung teilen wir Ihnen den unerwarteten Hinschied unseres verehrten Mitarbeiters

Herrn Ernst Meier

mit.
Wir betrauern einen tüchtigen und liebenswerten Mitarbeiter, dem wir ein verdientes, ehrendes Andenken bewahren.

> Geschäftsleitung und
> Belegschaft der
> Bucher APM AG
> Schöntalstrasse 13
> 9320 Arbon

Die Beerdigung findet statt: Donnerstag, den 26. März 1992, 14.00 Uhr. Besammlung auf dem Friedhof in Bassersdorf.

Bei größeren Firmen können auch schon einmal die Hierarchieebenen durcheinandergeraten. Dabei wüsste man zu gern, was die Ursache für die gegenüber gezeigte Verwechslung war: Hat die telefonische Anzeigenannahme nicht richtig hingehört und anstelle von »Mitarbeiter« den doch recht anders klingenden Titel »Präsident des Verwaltungsrats« verstanden? Soll man das glauben? Oder lag der Fehler nicht vielmehr bei der Firma selbst, die der Verlust ihres »verehrten Mitarbeiters« Ernst M. so sehr schmerzte, dass man meinte, es müsste der Präsident des Verwaltungsrats abhanden gekommen sein? Da sich die Inserenten-Abteilung entschuldigt, scheint der Fall klar zu sein. Das ist fast ein wenig schade. Denn eigentlich gibt es doch kein schöneres Kompliment, als einen verdienten Mitarbeiter posthum zum Präsidenten zu befördern. Vielleicht hat man aber auch wieder nur Herrn Meier mit Herrn Schmid verwechselt.

Zwei nimmermüde Hände haben aufgehört zu schlagen

Die Mutter war's, was braucht's der Worte mehr!
Unfaßbar für uns alle, ging meine liebe, treusorgende Gattin,
unsere herzensgute Mutter, Oma, Uroma, Schwester, Schwägerin
und Tante

Magdalene M

geb. M

geb. 18.11.1910   gest. 25. 11. 1981

für immer von uns

In stiller Trauer:
Kurt M
Sonja H   geb. M
mit Famile
Karla H   geb. M
mit Familie

Eine Verwechslung ganz anderer Art begegnet uns in der obigen Anzeige, die schon auf unser nächstes Kapitel hinführt, das dem Familienleben gewidmet ist. Im Motto für die treu sorgende Magdalene M. sind zwei altbewährte Sinnsprüche durcheinandergeraten, die vermutlich beide gepasst hätten: »Ein gutes Herz hat aufgehört zu schlagen.« Und: »Zwei nimmermüde Hände haben aufgehört zu schaffen.« Allerdings entschied man sich für eine etwas unglückliche Kombination von beiden.

07

»Unsere Mutti ist bei Vati und Schnäuzchen«

Familienleben

Das Herz unserer lieben Mutter
hat aufgehört zu schlagen.

Wir haben in aller Stille Abschied genommen
von unserer Mutter, Schwiegermutter, Oma und Uroma.

Elisabeth P

* 14.05.1912   † 06.06.2005

In Liebe und Dankbarkeit

Doris D   -P   , Ursula O   -P
Isabelle P   -K   mit Ihren Familien.

Auch in diesem Buch darf ein Kapitel mit den Anzeigen nicht fehlen, die den Familienangehörigen gewidmet sind. Denn hier finden sich große Gefühle, herzzerreißende Geschichten, bemerkenswerte Porträts, Witziges und Kitschiges. Es sind alle Generationen versammelt, vom Säugling bis zur »Urmutter«. Und die Mütter machen hier selbstverständlich auch den Anfang. Dabei knüpfen wir zwanglos an die Anzeige an, die diesem Kapitel unmittelbar vorausgegangen ist. Bei der Wahl zwischen Herz und Händen haben die Angehörigen von Elisabeth P. alles richtig gemacht und spendieren ihrer hochbetagten Mutter obendrein ein Herz aus Rosen wie zum Muttertag.

Um eine Mutter mit einer bemerkenswerten Persönlichkeit geht es in unserer
nächsten Anzeige, die in ihrer Prägnanz
schwer zu überbieten ist.

Marianne M
geb. M
* 26. 8. 1913   † 17. 2. 2000

Sie war das Zentrum der Familie.
Anarchisch und ordnend zugleich.

Die Söhne
Fritz-Georg M
Karl-Ludwig M
Hans-Jörg M
mit ihren Familien

Haus L
40547 Düsseldorf,

Die Trauerfeier findet im Familienkreise statt.

Tochter Tamara wurde hingegen durch den Tod ihrer Mutter völlig aus der Bahn geworfen. Allerdings versteht der unbefangene Leser nicht recht, warum das unerwartete Ableben der 76-Jährigen den »Ausschluss der Öffentlichkeit« und eine »geheime« Beisetzung im Familiengrab erforderlich macht. Immerhin hat ein Geistlicher die Sache begleitet, sodass man annehmen darf, dass dann doch alles in geordneten Bahnen verlaufen ist.

Nachruf
Unfassbar!

Plötzlich und unerwartet verstarb am 2. November 2009 meine über „Alles" geliebte Mutter – im Theresienkrankenhaus Mannheim.

Margaretha (Margit) S
geb. O

* 20. April 1931   † 2. November 2009

Der Tod einer Mutter - ist wahrhaftig der erste große Kummer - ohne sie -

Ein ehrlicher, liebevoller, uneigennütziger und neidloser, fleißiger Mensch mußte gehen.
Oh Gott! Warum?

Aufgrund meiner innigen tiefen Trauer, verlief alles amtlich unter Ausschluß der Öffentlichkeit. Ich weiß nicht woher ich die Kraft des Schweigens nach Außen hernahm.

Ich verabschiedete mich hautnah, liebevoll und ehrwürdig von meiner geliebten Mutter, in ewiger Liebe und Dankbarkeit zusammen mit meinem Cousin Robert O und seiner Frau Marion beim Bestattungsinsitut Bühn. Die Urnenbeisetzung in unserem Familengrab in Feudenheim fand ebenso geheim, unter uns Dreien zusammen mit Pfarrer Dr. Bitzel, statt!

Ehrliche, tiefe Trauer bedarf keiner Fragen und Scheinheiligkeiten
wovon ich auch künfitig absehen möchte!

Unvergessen und in ewiger Liebe und Dankbarkeit. Deine kleine Tamara (N   )

Robert und Marion O   sowie Hannelore R   geb. O
Eveline Steidel geb. O   und alle Angehörigen der Fam. S

Schwer am Tod seiner Mutter zu tragen hat auch Axel K. Wenngleich der Hinweis, er trauere »weiterhin«, schon ein wenig nach Rechtfertigung oder Wiedergutmachung klingt.

Ich trauere weiterhin um meine Mutter

Waldtraut K
geb. K

gestorben am Abend des 16. Februar 2009
in Schorndorf-Weiler.

Es war mir leider verwehrt,
in den letzten Stunden bei ihr zu sein...

Eine Anzeige, die uns sehr berührt, hat Frank H. aus Leipzig für seine Mutter aufgegeben. Erschienen ist sie über 40 Jahre nach dem Tod von Brigitte H. Über die näheren Umstände kann man nur Vermutungen anstellen. Und doch zerreißen einem die schlichten Sätze und das Foto der rollschuhfahrenden jungen Frau das Herz.

Leider konntest Du mich nicht mehr aufwachsen sehen
und ich Dich mit 4 Jahren das letzte Mal
in den Arm nehmen.

BRIGITTE H
geb. K

geboren am 24. Februar 1935
gestorben am 14. September 1960

ICH VERMISSE DICH.

Dein Frank

Ich würde mich freuen,
wenn sich nach all den
Jahren Freunde und
Bekannte unter
brigitte@familyh   de
oder per Brief an:
F. H

04105 Leipzig
melden würden.

Hattingen, den 6. März 1996

Meine Eltern sind tot.

Meine Mutter

Emma R

geborene R

geboren am 2. 12. 1908   gestorben 1982

Mein Vater

Hermann R

geboren am 15. 12. 1904   gestorben 1992

Als Sohn möchte ich es bekanntgeben, und daß es hierdurch zur Kenntnis genommen wird.

Hans-Jürgen R

45525 Hattingen,

Leichtes Frösteln bereitet hingegen die Anzeige von Hans-Jürgen R. aus Hattingen im südlichen Ruhrgebiet. Seiner Informationspflicht entledigt er sich mit atemberaubender Sachlichkeit – was 14 Jahre nach dem Ableben der Frau Mutter und immerhin vier Jahre nach dem Tode des Herrn Papas vielleicht nicht Wunder nimmt. Zu gern wüssten wir allerdings, warum Sohn Hans-Jürgen der Bekanntgabe des Verlusts seiner Eltern dennoch Neuigkeitswert beizumessen scheint.

Erheblich freundlicher ist die Tonlage in der Anzeige für Heinrich W. Immerhin ist nun sichergestellt, dass die Eltern vereint Weihnachten feiern können.

Der Tod ist wie ein Horizont.
Dieser ist nichts anderes
als die Grenze unserer Wahrnehmung.
Wenn wir um einen Menschen trauern,
freuen sich andere,
ihn hinter der Grenze wieder zu sehen.

Heinrich W

* 15. 8. 1929   † 20. 12. 2009

Sie wollten Weihnachten zusammen feiern - so wie immer!
… und sie taten es.

Unser geliebter Vater und Opa ist zu unserer Mutter gegangen.
In ewiger Liebe und Dankbarkeit nehmen wir Abschied.

Gabriele W
und Kinder Dennis, Sonny und Jerry
Holger W
Peter W
Cornelia W   und Kinder Jennifer und Benjamin
sowie seine beiden Schwestern
Inge R   und
Hildegard S

Ich gehe zu denen, die mich liebten
und warte auf die, die mich lieben.

… während auf Ursula W. neben dem Gatten auch noch ein treues Haustier wartet. Was die Kinder zu einem erleichterten Stoßseufzer veranlasst.

Unsere Mutti ist seit heute bei Vati und Schnäuzchen.

Ursula W

geb. K
* 28. 4. 1921   † 30. 3. 1995

Wir sind froh, daß sie erlöst ist.

Unsere Urmutter ist gegangen!

Meine liebe Oma, ihr ganzes Leben eigensinnig, von Ostpreußen mit dem Fahrrad nach Karlsruhe gekommen, damit eine Familie begründet, den, den sie liebte, früh verloren, hart geworden, in den Umständen, in denen sie dann leben musste, ist dabei manchmal zu sehr ihren eigenen Ideen von dieser Welt gefolgt, hat aber immer alles Materielle von sich hergegeben und war schließlich auch weich geworden, hat versucht gut zu machen, was ihr früher misslang – die Oma, die mich mein ganzes Leben begleitet hat, ist gestorben. Ich bin traurig.

Hildegard Margarete F

geborene W

* am 18. Januar 1912 in Königsberg
† am 26. Mai 2008 in Karlsruhe/Baden

Hermann F
Gesine F
Helmut F

die Kinder ihres zu früh gestorbenen Sohnes Henning
und ihrer verstorbenen Tochter Friderike

Hartwig F

Susanne D   geborene S
Eva-Maria B   geborene S

ihre Urenkel Maximilian, Katharina, Klara-Luisa,
Antonia, Emily und Ferdinand

Beschließen möchten wir die Mutteranzeigen mit einer sympathischen Würdigung der ostpreußischen »Urmutter« Hildegard Margarete F. Den Nachgeborenen ist da ein liebevolles, unsentimentales Porträt gelungen.

Dass auch bissige Väter vermisst werden, zeigt die Gedenkanzeige für Hans B. Dabei lässt Tochter Silke eine ausgeprägte Vorliebe für Ausrufezeichen erkennen. Bei solchen Annoncen, in denen sonst eher ein gedämpfter Ton vorherrscht, ist das schon sehr ungewöhnlich. Fast scheint es so, als wollte sie durch lautes Zurufen sicherstellen, dass ihre Botschaften auch im Himmel ankommen.

1. Jahresgedächtnis!

Hans B

† 14. 09. 2008

Papa, ich vermisse dein meckern, deine bissigen
Kommentare und deinen Humor!
Hoffentlich geht es dir gut da oben!
Ich werde dich nie vergessen!

Deine Tochter Silke

P.S.: Pass gut auf den Jungen auf!

Eine schlichte, todtraurige Anzeige hat Benjamin S. für seinen Vater verfasst.

† Jörg Q

Ich hätte gern mehr von Dir gewußt.
Nun ist es leider zu spät.
Ruhe in Frieden
Dein Sohn Benjamin S , geb. Q
Lübeck, im Februar 2000

Die Anzeige für Alfred S. fällt hingegen nicht nur typografisch aus dem Rahmen. Dass Demenz und Psychopharmaka freimütig erwähnt werden und das noch in Verbindung mit dem Weg nach Walhalla, ist schon ziemlich kühn. Doch die Sorge, der geliebte Vater könnte im Jenseits mit seiner hessischen Mundart anecken, verrät einen knorrigen Humor, der uns beeindruckt.

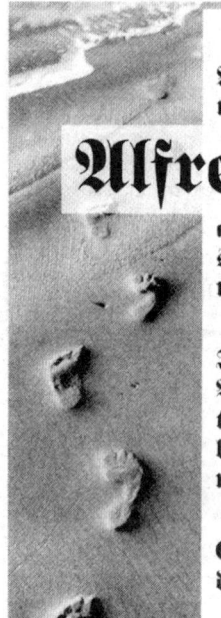

Nach langem Kampf gegen Demenz und chemischen Zwangsjacken trat

Alfred S

am 29. November 2009
seine letzte große Reise
nach Walhalla an.

Ich hoffe für meinen geliebten
Vater, dass er dort
trotz seiner hessischen Mundart,
bestens zurechtkommt
und auf seine Ahnen trifft.

Ein letzter Gruß an alle,
die ihn kannten.

Was Du für uns gewesen,
das weiß nur jeder von uns allein.
Hab Dank für Deine Liebe,
unvergessen wirst Du sein.

Götz J

* 4. 5. 1941   † 10. 2. 2010

In Liebe und unglaublicher Trauer

Deine kinderreiche Familie

Die Trauerfeier findet am Freitag, dem 19. Februar 2010, um 15 Uhr in der kleinen Kapelle auf dem Friedhof Eichhof statt.

Willkommen sind alle, die unseren Vater mochten, außer seinen Exfrauen!

Auch Götz J. ist als Vater in bester Erinnerung. Und das gleich vielfach, obwohl seine »kinderreiche Familie« namentlich nicht näher in Erscheinung tritt. Umso überraschender, dass die Exfrauen bei der Trauerfeier keineswegs willkommen sind. Immerhin dürfte es sich dabei ja um die Mütter der zahlreichen Kinder handeln.

Trennung ist wohl Tod zu nennen,
denn wer weiß, wohin wir gehen,
Tod ist nur ein kurzes Trennen,
auf ein baldig Wiedersehen.

Joseph von Eichendorff

Mein geliebter Mann und Schwiegersohn

Armin V

* 22. 1. 1950   † 13. 8. 2004

ist in Frieden von uns gegangen.

In Liebe:

Patricia V

Die Beerdigung findet am Freitag, dem 20. August 2004, um 14 Uhr auf dem Hauptfriedhof in Stuttgart-Bad Cannstatt statt.

Von Beileidsbekundungen bitte ich abzusehen.

Nach der Beerdigung bitte ich in seinem Sinne um stilles Auseinandergehen.

Unklare Verhältnisse herrschen hingegen in der Familie V., in der dem Verstorbenen eine bemerkenswerte Doppelrolle zugedacht war.

Zu den Anzeigen mit familiärem Hintergrund gehören auch diejenigen, die den eigenen Kindern gelten. Einen besonders rührenden Versuch, die Erinnerung an ihren Dirk aufrechtzuerhalten, unternimmt Familie T. Sie zitiert aus dem Sportteil der Lübecker Nachrichten.

Immer wieder finden wir zwischen Deinen aufbewahrten Sachen – Spuren Deines Lebens.

Hier ein Ausschnitt aus dem LN-Sportteil von 1973/1974:
So stark hatte man sich in Büchen den Kronsforder SV nicht vorgestellt, 0:4 (0:1).

Den I. der KSV-Leistung bildeten 4 Treffer, von denen 2 der in der 2. Halbzeit eingesetzte Jungmannenspieler Dirk T   erzielte.

Da haben die Kronsforder einen guten Mann in ihren Reihen. Die restlichen Tore schossen Grimm und Warkocz.

Dirk T

* 10. 9. 1955   † 4. 9. 1978

23 Jahre . . .

Du fehlst uns sehr.

**Deine Eltern
sowie Andrea, Kerstin
und Familien**

Doch auch wenn die Söhne das Jugend-
alter lange hinter sich gelassen haben,
ist ihr Verlust manchmal nicht weniger
schmerzlich. So wie bei Lehrer und Autor
Wolfgang S., den mit seiner Mutter ein
sehr inniges Verhältnis verband.

Das Einzige, was ich hatte, ist mir genommen worden.

Wolfgang S

Lehrer und Autor
geboren 13. 1. 1948   gestorben 1. 5. 2003

In stillem Leid:
Hildegard S
Mutter

Die Beerdigung hat nur in Zweisamkeit stattgefunden.

Natürlich trauern auch Väter um ihre Söhne, wie im Fall von Roland B. Auch wenn
man nur dunkel ahnt, was sich da zugetragen hat – diese Anzeige lässt einen frösteln.

Der Herr möge ihr verzeihen.
Auf tragische Weise verlor
ich meinen Sohn

Roland B

Dein Vater
Heinz S

Rostrup,

Warum?

Das schönste Baby der Welt warst Du für uns alle. Du, mein erster Neffe. Endlich hat es geklappt. Fast zwei Jahre durften wir uns alleine um Dich kümmern, bis Dein Bruder zur Welt kam. Zwei süße Jungs, in Liebe behütet. Kurz bevor Du drei wurdest, passierte was Unfassbares, Dein großes Vorbild, Dein Idol, Dein Vater verstarb. Die kleine Familie rückte näher und ich war immer für Euch da. Tata habt Ihr mich liebevoll genannt und ich war stolz, eine Tata zu sein. Gute und harte Jahre vergingen, ein Leben voller Freuden und gleich mit viel Leid. Urlaube verbrachten wir zusammen, oft durfte ich Dich im Krankenhaus besuchen, mal wieder was gebrochen, aber einen Schutzengel gehabt. Null Bock auf Schule, kein richtiges Ziel. Oft hast Du mich um Rat gefragt und hast mir gesagt, Du hättest mich lieb. Ich war immer für Euch da. Ich, eigene Kinder, wurde oft gefragt, nein, ich hab zwei Neffen, das hab ich immer gesagt. Du warst ein besonderer Mensch, immer um andere besorgt. Deine Mama sollte glücklich werden. Auf Deinen Bruder wolltest Du immer aufpassen und mir hast Du immer gewünscht, dass der Laden gut läuft. Das große Glück fandest Du mit Autos. Schrauben stundenlang, nichts war Dir zu viel, um Dein Auto zu verschönern. Stolz hast Du mir alles gezeigt, „alleine eingebaut". Ahnung hattest Du davon. Dann kam noch Kischa zu Euch, ein schöner Huskymischling, wunderschön und lieb. Seelenverwandte, hab ich oft gedacht, wenn ich Euch auf dem Boden toben sah. Keine Lehrstelle in Deinem Traumjob. Kfz hättest Du gerne gemacht, aber einen Job. Ausgeliefert hast du, fahren, das war dein Element. Dein Leben wolltest Du jetzt ändern, endlich hattest Du wieder Ziele und Träume. Bewerben wolltest Du Dich, um alles in den Griff zu kriegen. Überstunden lagen an, schnell alles liefern, schnell zu Mama Mittagspause machen. Es gab Dein Lieblingsessen, doch da kamst Du Freitag nicht an. Auf die Gegenfahrbahn wärst Du gekommen, in den Graben, überschlagen und sofort tot. 23 Jahre durfte ich Dich begleiten, ich hatte es so gerne viele Jahre getan, ich werde Dich so sehr vermissen, Daniel. Für Dich, meine Schwester und Neffe David bin ich immer da.

Deine Tata

Ein äußerst warmherziges und einfühlsames Porträt zeichnet hingegen Tante »Tata« von ihrem Neffen, der es in seinem Leben nicht immer leicht hatte und mit 23 bei einem Autounfall starb.

Von der Tante zum Onkel und zu einer Anzeige, die einen nicht weniger berührt, wenn auch aus, man möchte sagen: entgegengesetzten Gründen.

Mein Onkel verstarb mit 77 Jahren, so wie er gelebt hat: still, bescheiden und einsam.

Hans D

* 27. Oktober 1925   † 12. Januar 2003

Seinen Wunsch, anonym und ohne Trauerfeier beerdigt zu werden, habe ich gern erfüllt.

Harald D

früher: Lohstraße 38, S

Die steigende Lebenserwartung macht es möglich, dass hochbetagte Eltern um Kinder trauern, die gleichfalls das Seniorenalter erreicht haben. So wie die 95-jährige Emilie A., deren Mama Kreszentia M. wie keine Zweite den Titel »Urmutter« (→ S. 120) verdient hat.

Fürchte dich nicht, denn ich habe dich erlöst.   70182 Stuttgart
Ich habe dich bei deinem Namen gerufen.
Du bist mein.   Jesaja 43, 1

Emilie A

geb. M

3. 12. 1910   –   21. 10. 2005

Meine liebe Tochter, meine gute Schwester, unsere Schwägerin und Tante durfte nach einem erfüllten Leben friedlich einschlafen.

In stiller Trauer:
Kreszentia M

Die traditionsbewusste Mutter der kleinen Freya Luisa klammert sich hingegen an die Vorstellung, ihr Baby werde im Jenseits bereits von einer langen Ahnenreihe erwartet.

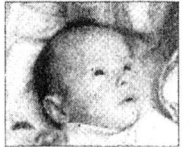

Freya Luisa G
07.09.08 - 23.01.09

Dort treffe ich all jene
Menschen meiner Ahnenreihe
von Beginn an.

In tiefer Trauer, Jessica G
und Familie

Danke für die Anteilnahme

Eine ähnlich generationenübergreifende Vorstellung durchwaltet auch die Anzeige für Emma R. Nur ist es hier eine kraftspendende goldene Kette, die durch die Ahnenreihen weitergereicht wird.

Obwohl wir wissen, daß es der Wille des Schöpfers ist, daß die Toten durch uns weiterwirken und eine goldene Kette der Güte und der Kraft weitergeben von Geschlecht zu Geschlecht, erfüllt uns das Ableben meiner lieben Frau, unserer guten Mutter, Schwiegermutter, Oma, Uroma, Schwester, Patin und Schwägerin

Frau Emma R
geb. B

* 6. 5. 1908   † 2. 2. 1985

mit schmerzhafter Trauer.

Nettchen alias unser aller Traudchen geht
noch einen Schritt weiter und gewährt
dem wissbegierigen Publikum näheren
Einblick in die Ahnenreihe. Wobei sie auch
mit denkwürdigen Worten nicht spart.

Auferstehung ist unser Glaube,
Wiedersehen unsere Hoffnung,
Gedenken unsere Liebe.
                              Augustinus

Karl-Otto T

Gedenken

Ernst Georg M

Am 15. August 2001, am Geburtstag unseres lieben unvergessenen
und wunderbaren Bruders Karl-Otto an Maria Himmelfahrt, habe
ich Dich, mein liebster, treuer und unvergessener Ehemann, nach
fast 50-jähriger Ehe, durch den unerbittlichen Tod verloren. Du
warst als Mensch und Offizier ein Vorbild. Im gleichen Atemzug
möchte ich auch meinen lieben und herzensguten Vater Laurentius
und unsere liebevolle und gütige Mutter Barbara erwähnen. Ich
war die Älteste der Kinder. Wir haben beide Eltern durch
Kriegseinwirkung 1944 verloren. Ihr ward Edelleute und für mich
seid ihr Heilige. Dann kam eine sehr gute Zeit. Aber von 1999 bis
2002 sind uns fünf wertvolle Familienmitglieder durch den
schrecklichen Tod entrissen worden.

Barbara T

Ihr ward für mich die Treue, ihr ward für mich die Güte, ihr ward
für mich die Liebe. Alles ward ihr für mich. In Liebe gehalten durch
den gemeinsamen Glauben an die Auferstehung.

Das hohe Lied der Liebe. Nun bleiben Glaube, Hoffnung, Liebe.
Die Liebe ist das Größte unter ihnen. Solange ich auf Erden bin,
werde ich euch auch öffentlich gedenken. Was man tief in seinem
Herzen besitzt, kann man durch den Tod nicht verlieren.

Laurentius T

Dein Nettchen und euer aller Traudchen

Dann und wann reißt die eine oder andere goldene Familienkette. Den unbeteiligten Leser lässt das im Allgemeinen ziemlich kalt. Aber man muss zugeben: Um diesen Namen ist es nun wirklich schade.

Es gibt keinen
Schmitzikus
mehr in dieser Welt.
Ihr, die Ihr mit mir von

Peter

Abschied genommen habt, seht ihn hinter dem Horizont.
Laßt ihm die See und die Sonne, o. k.?
Das zu wissen, tröstet. Ich danke Euch dafür.

Tutzing II   **Helene W**
1. April 1989   geb. Schmitzikus

Generationenübergreifend gibt sich die Anzeige für Opa Heinzi. Wobei die fürsorglichen Eltern dankenswerterweise Formulierungshilfe geleistet haben. Und auch die selbst gemalte Sonne sieht nicht gerade nach Kinderhand aus. Na ja, Hauptsache, Opa Heinzi freut sich.

 **Lieber Opa Heinzi!**

Ich kann noch nicht verstehen, wo du jetzt bist!

Aber Mami sagt, da wo du bist,

scheint für dich die Sonne.

Dein T

Unser Opa ist aus dem Leben gegangen, aber in unseren Herzen geblieben...

Deine Enkel
Marcel, Larissa und Pierre

Ihren Großvater konsequent aus seiner eigenen Todesanzeige verbannt haben die drei Enkel Marcel, Larissa und Pierre. Aber man sieht es den dreien schon irgendwie an, dass sie den Opa in ihrem Herzen tragen. Oder?

2489

ruft nicht mehr an...
Er hat für immer aufgelegt.

In liebevoller Erinnerung,
deine Enkel
Nina, Jan-Kristof und Maximilian

Hingegen behalten Nina, Jan-Kristof und Maximilian ihren Opa offenbar als Telefonnummer in bleibender Erinnerung. Und doch wirkt diese Anzeige auf uns keineswegs herzlos. Sondern durchaus persönlich. Denn es geht ja um die Telefonate, die den Opa mit seinen Enkeln verbunden haben.

In eine ähnliche Kategorie gehört die Anzeige für den trinkfesten Uropa Willi K. Es dürfte nicht viele (Ur-)Großväter geben, die man »unseren kleinen Sonnenschein« nennt.

Bei jedem Bierchen und Kurzen
werden wir an Dich denken
und mit Dir anstoßen.
Bis zum Ende
warst Du unser kleiner Sonnenschein.
Wir vermissen Deine Fröhlichkeit
und Deinen Lebensmut.

Für uns plötzlich und unerwartet mussten wir von Dir, Opa, Uropa und väterlichen Freund, Abschied nehmen.

Willi K

* 16. März 1914   † 18. Januar 2010

Vergleichsweise sonnig ist auch die Anzeige für Oma und Opa Knott. Es geht dabei so warmherzig zur Sache, dass sich schon der Trauerrand verformt.

Für Oma Knott **und Opa Knott**

Wir verneigen uns vor Euch in tiefer Liebe
und großer Dankbarkeit.
Es erfüllt uns mit Freude, dass wir Euch auf Eurem letzten Weg so
intensiv und liebevoll begleiten durften.
Eure Stärke wird uns Vorbild sein.
Tausend Dank fürs Knöpfe annähen, fürs Singen
und Vorlesen, für die vielen leckeren Mittagessen,
fürs Monopoly spielen und und und . . .
Wir behalten Euch jeden Tag in unseren Herzen!

**Sandra und Frank
mit Vanessa
und Leonie**

Zuletzt noch zwei sehr unterschiedliche Annoncen von Geschwistern. Den Anfang macht Heide S. Für ihren ausgewanderten Bruder Harald gibt sie eine Anzeige auf, die es an Frostigkeit mit dem kanadischen Winter aufnehmen kann.

Der Traum von Kanada ist ausgeträumt.

Mein Bruder

Harald S

* 17.7.1940 in Stuttgart

ist am 12.2.2010 in Midland/Ontario gestorben.

Heide S   geb. S
70736 Fellbach-Schmiden,

Knapp und liebevoll fällt hingegen das Porträt aus, das der große Bruder von Markus L. zeichnet.

Markus L

geboren am 13. Nov. 1970   verstorben am 19. Febr. 1991

Es gibt viele Menschen, die:

– an einem Freitag, den 13., geboren sind,
– Teufel und Engel in einer Person verkörpern,
– leidenschaftlich Motorrad fahren,
– mit einem Schwerbehindertenausweis in Sport eine 1 haben,
– soviel Schmerzen ertragen mußten.

Aber es gibt keinen, den ich so sehr vermisse, wie Dich.

Dein großer Bruder

08

»Auf ihrem Tisch stand noch frische Spargelsuppe«

Ungewöhnliche Todesarten

Normalerweise wird in einer Todesanzeige nicht erwähnt, was das Ableben des Betreffenden verursacht hat. Es wird allenfalls angedeutet. Aber gerade dadurch bekommt dann die Angelegenheit ihren besonderen Reiz. Denn nun setzt sich unsere Fantasie in Gang. Wir ergänzen, was wir nicht wissen, und malen uns aus, wie sich die Sache wohl zugetragen hat. Ob wir damit richtigliegen, spielt keine Rolle. Es sind die bloßen Worte, die Raum für die unterschiedlichsten Geschichten lassen.

So ist es auch bei unserer ersten Anzeige, die einen ungewöhnlich neckischen Tonfall anschlägt. Die Radfreunde aus Tauber erwarten von ihrem Herbert offenbar einen würdigen Abenteurertod. Den hat er allem Anschein nach gründlich verfehlt. Doch muss sein Abgang so wenig heroisch, ja geradezu blamabel gewesen sein, dass er dafür einen launigen Tadel einstecken muss. Was hat Herbert nur angestellt? Und spielt dabei sein Fahrrad eine Rolle, weil es immerhin die Radfreunde sind, die sich hier glucksend zu Wort melden?

Mensch, Herbert!
Vielleicht beim zehnten Ötztaler,
oder kurz vor Oslo,
oder auf dem Rückweg vom Nordkap…

Aber doch nicht so!

Die Radfreunde aus Tauber

Elke H

geb. B

* 4. 2. 1936 † 17. 5. 2003

Elke ist tot. Sie starb ganz plötzlich, auf ihrem Herd stand noch frische Spargelsuppe.

In tiefer Trauer

Stefan, Beate, Clara und Lina H
Herbert und Jochen B
Gesa, Ernst, Jannik und Jule B
Gertrud V
Peter H

Immerhin wussten die Radfreunde nur zu genau, an welcher Klippe des Lebens ihr Herbert gescheitert war. Bei Elke H. herrscht hingegen Ratlosigkeit. Nicht zuletzt, weil alles so schnell vor sich ging. Als einziger Anhaltspunkt bleibt uns die frische Spargelsuppe. Und die bange Frage: Was wollen die Hinterbliebenen damit andeuten?

Ein erfülltes Leben ist zu Ende.

Nach fröhlicher Runde, plötzlich und unerwartet, verließ uns meine Mutter, Schwiegermutter, Schwester und Omi für immer.

Frau Ursula von S

geb. C

* 18. 6. 1921 † 26. 12. 1995

Was bei Elke H. die Spargelsuppe, das ist bei Ursula von S. die fröhliche Runde. Eigentlich kann man sich doch keinen schöneren Abgang wünschen – heiter und beschwingt, nach einem erfüllten Leben.

Auch Dieter B. wurde in Hochstimmung vom Tod überrascht. Allerdings ist das kein tröstlicher Gedanke, sondern macht die Sache erst richtig tragisch. Ein Tod aus heiterem Himmel sozusagen. Orts- und Zeitangaben bringen keinen näheren Aufschluss. Von Koblenz bis Hallenberg im Hochsauerland sind es gut 150 Kilometer. Sechs Stunden Differenz sind da ein bisschen viel für eine Autofahrt. Und was uns vor allem beschäftigt: Worin bestand bloß die freudige Erwartung? Was würden Sie vermuten?

Koblenz: Freitag, 23. Oktober 2009, 9.30 Uhr
Am Anfang stand freudige
Erwartung – am Ende der Tod.
Hallenberg, 15.30 Uhr

Dieter B

* 1. 6. 1966   † 23. 10. 2009

In tiefer Trauer:
**Deine Eltern
Deine Lebensgefährtin
Dein Bruder**

Die Beerdigung findet am 30. Oktober 2009 um 12.30 Uhr auf dem Friedhof in Kirchheim statt. Kondolenzliste liegt auf.

Unglückliche Zufälle mag niemand gern. Schon gar nicht, wenn sie die unangenehme Eigenschaft haben, einen in andere Welten abzudrängen.

Wir trauern um unseren Sohn, Bruder, Schwager und lieben Onkel

Fritz Nikolaus K

* 18. 4. 1946   † 30. 10. 1982

Ein unglücklicher Zufall zwang ihn, seinen Frieden in einer anderen Welt zu suchen.

Die folgende Anzeige nennt die Todesursache nur allzu deutlich beim Namen.
Doch tut sie das in einer Art und Weise, die
schon ein wenig verstört und die Frage
nahelegt, ob »drjfk« nicht selbst ein wenig
nachgeholfen hat, um gleichfalls seinen
Frieden in einer anderen Welt zu finden.

drjfk
ist tot.

Ein Gehirntumor veranlasste ihn, sich aus seinem Leben zurück zu ziehen.

Wer Lust hat, tschüß zu sagen, kann sich am
Freitag, den 11. Mai 2007 um 11.00 Uhr in der
Halle B des Friedhofes Hamburg-Ohlsdorf,
einfinden.
Vielleicht sind auch einige von seinen
Studenten dabei.

In der Anzeige für Dr. Ralf D. hat es den Anschein, als sei er gleich doppelt verstorben.

**Und meine Seele spannte weit ihre Flügel aus.
Flog durch die stillen Lande, als flöge sie nach Haus.**

(Josef Freiherr von Eichendorff)

Zunächst unerwartet und dann nach schwerer Krankheit entschlief
mein lieber Mann, unser Papa, mein Sohn, Schwiegersohn, Bruder, Schwager,
unser Neffe und Vetter

Dr. rer. nat. Ralf D

* 29.4.1967   † 1.1.2010

In Liebe und Dankbarkeit
nehmen wir Abschied: Eva Miriam mit Lea Marie
                          und Salome R
                          Egbert und Christian D

Eine Krankheit hatte auch beim Heimgang von »Frikadellen-Rudi« ihre Finger im Spiel. Aber nicht irgendeine Krankheit, sondern eine, die uns eiskalte Schauer über den Rücken laufen lässt. Gerade weil die »Kleene« und Freundin Helga nichts Näheres verraten, packt uns das Entsetzen. Und wir stellen uns unwillkürlich die Frage, welche Krankheit wir eigentlich am meisten fürchten …

Oberhausen's „Frikadellen-Rudi"

Rudolf R

* 16.12.1940

erlag am 6. Januar 2010 der Krankheit,
die er am meisten fürchtete.

Wir werden Dich vermissen.

Deine Kleene und Deine Freundin Helga

Wenden wir uns nun lieber angenehmeren Dingen zu, zum Beispiel der Musik. Die Vorstellung, bei einem klassischen Konzert ins Jenseits hinüberzugleiten, kann es fast mit der »fröhlichen Runde« der Ursula von S. aufnehmen (→ S. 136).

Und das ist Leben. Bis aus einem Gestern
die einsamste Stunde steigt,
die, anders lächelnd als die andern Schwestern,
dem Ewigen entgegenschweigt.
          Rainer Maria Rilke

Zürich, 9. Februar 2010
Traueradresse:
Rosmarie B

8330 Pfaffikon ZH

Traurig nehmen wir Abschied von meiner lieben Schwester, unserem Gotti, unserer Tante, Cousine, Freundin und Bekannten

Heidi K

9. September 1945 – 9. Februar 2010

Völlig überraschend verstarb sie bei einem Besuch eines klassischen Konzerts. In unseren Gedanken und unseren Herzen lebt sie weiter.

Viele Hunde sind des Hasen Tod.

Norbert Hermann W

* 20. September 1933 in Großräschen
† 25./26. Juni 2005 in Hofheim a. T.

Der Verstorbene wurde auf dem Waldfriedhof
in Hofheim a.T. beigesetzt.

Der Sprache des Waidmanns bedient sich die Anzeige für Norbert Hermann W. Als unbeteiligte Leser stehen wir allerdings ziemlich im Wald.

Weil er nicht auf
uns hören wollte,
haben wir

Oliver

verloren.

Marina und Thomas

Ganz offenbar ist Oliver auf Abwege geraten. Hätte er nur auf Marina und Thomas gehört, hinter denen wir Eltern vermuten, die nicht Eltern genannt werden wollen, es hätte nicht so ein schlimmes Ende mit ihm genommen.

Ungewöhnlich ist auch die Todesursache
von Freddy W. aus Frankfurt-Höchst.

Plötzlich, ohne Grund, verstarb am 13. Januar 1998 mein bester
Freund

Freddy W

Die Beerdigung findet am Donnerstag, dem 5. Februar 1998, um
10.30 Uhr auf dem Höchster Friedhof, Sossenheimer Weg, statt.

Von Beileidsbekundungen am Grab bitte ich Abstand zu nehmen.

Anstelle von Blumenspenden bitte ich Sie, eine Spende auf das
Postbankkonto Frankfurt am Main, Kto.-Nr. 617 878 601, BLZ
500 100 60, zu überweisen.

Und die ergreifendste Anzeige in diesem
Kapitel kommt am Schluss.

Er starb am Leben.   Zürich, 21. Februar 2010

Ralph Patrick V

15. 12. 1964 – 21. 2. 2010

In stiller Trauer und Liebe
Merlin Aljoscha V
Klaus und Thomas V   *und Familie*
Marianne und Nemo B   *V*

09

»Goodbye, Schinken!«

Freunde nehmen Abschied

»Gute Freunde kann niemand trennen«, sang einst der vielfach talentierte Franz Beckenbauer und gibt damit die Richtung für dieses Kapitel vor. Denn neben der Familie und der Firma sind es manchmal auch die Freunde, die ihre Trauer in einem Inserat kundtun. Weil sie sich mit dem Verstorbenen besonders verbunden fühlten. Oder weil es da keine Familie und/oder keine Firma mehr gibt, die sich um angemessene Abschiedsworte kümmert. Im Großen und Ganzen sind die Anzeigen der Freunde weit weniger förmlich und konventionell. Erinnern wir uns nur an die »Radfreunde aus Tauber« (→ S. 135) aus dem vorhergehenden Kapitel. Doch manche gehen noch ein gutes Stück weiter, um ihre ganz persönliche Betroffenheit sprachlich adäquat zum Ausdruck zu bringen.

Tschüs, Sucki

Im großen Meer der Vergänglichkeit bleibst Du ein Fels in der Brandung.

War 'ne geile Zeit.

Pico

Das schließt jedoch nicht aus, dass auch Anzeigen von Freunden eine mahnende Botschaft enthalten können.

> ***Nimm dir Zeit für deine Freunde,***
> ***sonst nimmt die Zeit dir deine Freunde.***
>
> In den Herzen und Gedanken deiner Freunde lebst du weiter.
>
>
>
> ## Andy S
>
> In stiller Trauer nehmen Abschied:
> Neumi und Netti
> Otto und Jacky
> Jan und Ela
> Brocher und Olaf

Ebenso werden die Freunde auf den Plan gerufen, wenn der Verstorbene sein Leben so bedingungslos ihrem Vergnügen geweiht hat, wie Helmut B.

> **Unfassbar**
>
> Tief betroffen müssen wir plötzlich Abschied nehmen von unserem lieben Freund
>
> # Helmut B
>
> Sein Leben bestand darin, mit uns schöne Feste zu feiern.
>
> Wir werden dich nie vergessen.
>
> **Deine Freunde**

26. Januar 2010

Wir trauern um

Heinz K

der endlich gehen durfte.
Miteinander haben wir viel gefeiert, gelacht und Spaß gehabt.
Oben gibt es nicht alles, aber ein Pils, Zigaretten und gute Musik
bestimmt.
Unser ganz besonderes Mitgefühl gilt seinem Sohn Kevin.
Die Erinnerung an seinen trockenen Humor wird uns begleiten.

**Bis dann
Micha, Jörg, Foxi, Frank und Andi**

In Erinnerung an gesellige Runden schwel-
gen auch die Freunde von Heinz K. Dabei
zeigen sie sich in ihren Ansprüchen an das
süße Jenseits durchaus maßvoll. Solange
sie sicher sind, dass Heinz auch dort oben
mit allem Notwendigen versorgt sein
wird.

*Humor ist,
wenn man trotzdem lacht.*

Du warst eine starke Frau und eine gute Freundin.

Gabi K
* 8.6.1959   † 16.7.2008

Bei jedem guten Essen wirst Du in unserer Mitte sein.

Ein wenig nach Galgenhumor klingt das Motto für die gute Freundin
Gabi K. Umso weniger mag man sie an der gemeinsamen Tafel mis-
sen.

Fest entschlossen, sich nicht so leicht die Bierlaune verderben zu lassen, zeigen sich die Kumpane vom Stammtisch Prinzregent. Beruhigend immerhin die Gewissheit, dass auch Stefan von B. seinen Teil zur Pflege der unverwüstlich guten Laune beitragen konnte.

Danke für viele schöne Stunden.

Stefan von B

The show must go on!
Du aber bleibst uns in guter Erinnerung!

Deine Freunde vom Stammtisch Prinzregent

Barolo statt Bier, und auch sonst schlägt Albert gegenüber seinem langjährigen Freund Haraldchen einen deutlich anderen Ton an.

Haraldchen

nach 35 Jahren Freundschaft
mit Lachen, Tränen,
Streit und Freude,
bist Du einfach gegangen,
zu früh.

Immer war ich für Dich da, jetzt bist Du dran.
Du versprachst mir einen feinen Platz neben Dir freizuhalten.
Ich bringe auch eine Flasche Barolo mit.
Ohne Dich hier unten ist es sch . . . langweilig.
Du fehlst einfach überall.

Dein Freund Albert

Ich habe meinen besten Freund verloren.

Gerd D

* 6. 10. 1946   † 18. 2. 2007

Über 25 Jahre warst Du mein Berater, Skat-Gegner, Sportkumpel und mein allerbester Freund.

Uwe P   **und Familie**

Dein letztes Lächeln werde ich nie vergessen, als ich Dir sagte: Bayern liegt 0:1 zurück! Übrigens das Ergebnis ist so geblieben und unser heißgeliebter THW hat 40:31 gewonnen.
Alle weiteren Ergebnisse bei „Gelegenheit".

Langjähriges Einvernehmen verbindet auch die beiden Sportsfreunde Uwe P. und Gerd D. Dabei ist es eine ganz tröstliche Vorstellung, dass man sich über manche Kleinigkeiten auch an der Schwelle des Todes noch freuen kann. Und sogar darüber hinaus.

Fassungslos zeigt sich hingegen Dieter über das plötzliche Hinscheiden seines Kumpels Schorsch, der für ihn Bruder und Vater zugleich gewesen ist. Dass man sich darunter ein ebenso raues wie herzliches Verhältnis vorzustellen hat, zeigt die letzte persönliche Mitteilung an den »Worschtbär«.

Das Leben ist nicht fair!
Wir wollten noch so viel... Plötzlich lagst du vor mir!

Warum?

warst mein Bruder,

Du dicker Freund,
Kumpel,
wie ein Vater.

Schorsch / Worschtbär

† 26. 1. 2010

In ewiger Erinnerung und in unsagbarer Trauer
Dieter mit Max
Doi bleed Geschwätz fehlt mir jetzt schon!

Ein berührendes Bild mit bemerkenswerten Kontrasten zeichnen die Freunde von Hans Leo R., der sich vieles »im Alltag zu sehr zu Herzen genommen hat«. Feuchtfröhliche Abende unter Freunden einerseits, trockener Humor und Einsamkeit andererseits. Außerdem sympathisch: der ganz persönliche Himmel ohne Chef, aber mit Regenwald und Zigaretten.

Hans Leo R

1956 - 2000

Miteinander haben wir viel geraucht, gesoffen, lange telefoniert, gefeiert und gelacht.
In Erinnerung bleibt sein trockener Humor und ein oft Einsamer, der sich vieles im Alltag zu sehr zu Herzen genommen hat.
Vielleicht gibt es im Himmel keinen Chef,
einen Regenwald, Kaffee, Zigaretten und gute Musik.

Die Freunde

Du liebtest
Mittwochsfußball, Kopfbedeckungen, Dostoijewski,
John Steinbeck, Fischgerichte, wilde Diskussionen, Percussions-
instrumente,
Claudia, Deine Eltern, Schalke 04, den Song Ice Cream Man
(nach dem Du wunderbar tanztest), die Senne, Beuteltiere,
Aquarien, Garrincha, die Wilde Liga Mannschaft Catalan Salto, den
Bielefelder Westen, lange Nächte, Philosophie und Biologie,
Rheinauen, die Nordsee, Fußballplätze an der Radrennbahn und
unser WM Studio.
Und wir liebten Dich

-Tausend Tränen-

Uwe „Hoppel" B

* 10.05.1955   † 1.11.2002

-Deine Freunde-

Ramona, Rolli, Nobby, Achim, Josh aus Bremen,
Mike, Lucky, Stefan, Welti, Christoph, Ralle, Lazslo,
Josh, Christian, Ralf, Gazza, Fissi, Isi, Levent,
Rainer, Eisen Peter, Trainer Wolfgang, Joseph,
Kathi, Klaus. Schalker. Charly, Ilona, Uschi, Beate,
Hans, Schnabel, Toto, Regine, Siggi, Carola und
die Fußballmannschaft Catalan Salto.

Um seine persönlichen Vorlieben dreht
sich auch die Anzeige für Uwe »Hoppel«
B. Dadurch entsteht nicht nur ein sehr lebendiges Porträt des Verstorbenen. Auch
die Freunde haben Gelegenheit, ihre Zu-
neigung für »Hoppel« mit einem schönen,
schlichten Satz zum Ausdruck zu bringen.

Ähnlich souverän hingetupft wirkt das folgende Porträt in alphabetisch geordneten
Schlüsselbegriffen. Und als Höhepunkt
und Abschluss die drei schlichten Worte
unter dem Buchstaben Z.

Anstrengend begabt Besserwisser direkt ehrlich eigensinnig
fürsorglich genießerisch Heilpraktiker humorvoll Komponist
Mister X Musiker versorgend willensstark

zu wenig Zeit

Friedrich Wilhelm H

* 25. November 1955   † 19. April 2010

Christiane H
Andrea, Annette, Anni, Barbara, Boris, Dietlinde, Frank,
Hardy, Heike, Karin, Maria, Susanne, Stefan, Thomas

Die Urnenbeisetzung findet im engeren Kreis in den "Gärten
der Bestattung" Pütz ∞ Roth in Bergisch Gladbach statt.

Manche kommen allerdings auch mit einem einzigen Begriff aus, um auszudrü-
cken, was für ein Mensch ihr Freund gewesen ist.

Schön war die Zeit.
Wir danken dem Gentleman

Christoph W

* 1936   † 2008

Deine Freunde

Er fehlt uns mit allen seinen Höhen und Tiefen.

Wilmut B

* 19. 11. 1922 † 19. 1. 1997

Ebenso knapp, aber doch um Ausgewogenheit bemüht ist die Anzeige für Wilmut B.

An alle, die sich angesprochen fühlen.
An alle, die sich vielleicht sogar angerührt fühlen.
An alle, die Boda gern hatten.
An alle, die Boda gern hatte,
denn sie war immer freundlich zu allen.

Boda T

ist tot.

Die Anzeige für Boda T. richtet sich hingegen an etwaige Freunde. Dabei hat es ganz den Anschein, als hätten die ihr in letzter Zeit gerade nicht beigestanden.

Ganz anders der Tonfall in der Anzeige für Heinrich A. M., der mit freundlicher Gelassenheit schöne Grüße ausrichten lässt.

Es ist zu vermerken, daß

Heinrich A. M

heute verstorben ist.

Alle seine Freunde werden von ihm gegrüßt und für die angenehmen Stunden bedankt, die er mit ihnen verbringen konnte.

Er ging gelassen.

Eine gewisse Überforderung und Hilflosigkeit drückt sich in der Anzeige für Peter K. aus, der offenbar mehr Unterstützung gebraucht hätte, als die Freunde »im Rahmen ihrer Möglichkeiten« geben konnten.

Ein letzter Abschied

Wir trauern um unsere lieben Freund Peter K   aus Donrath, welcher am 24. Dezember 2009 nach langem Leidensweg im Alter von 50 Jahren verstorben ist.

Leider ist es uns im Rahmen unsrer Möglichkeiten nicht gelungen ihm dauerhaft wirkungsvoll zu helfen.

Wir hoffen das er nun findet was er hier vergeblich suchte: Familiäre Geborgenheit, Vertrauen, Anerkennung.....

Wir werden Dich in Erinnerung behalten.

Deine Freunde

Horst, Oswald, Ilse, Petra, Nadinè-Desirè, Meike, Manuela, Michael und Conn

Jessica W

> Das Loch, das du in unsere Herzen und
> in Stuttgart reißt, lässt sich nie wieder schließen.
> One crew – one mind
> **deine Freunde**

Mit einem nicht ganz stimmigen Bild, aber umso anrührender bringen die Freunde von Jessica W. ihren puren Schmerz zum Ausdruck.

Malte

Das Loch, das Du hinterläßt,
schreit uns entgegen.
Aber Dein Strahlen der letzten Zeit
scheint noch in uns nach.

Dein Abi-Jahrgang '96

Recht ähnlich, aber noch um eine Nuance dramatischer formuliert es der Abijahrgang '96, dass Freund Malte fehlt.

Die Anzeige der Münchner »Löwenfreunde« überrascht durch ihre konsequente Zweisprachigkeit, die auch vor den Namen nicht haltmacht.

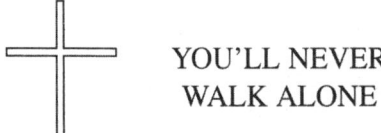

YOU'LL NEVER
WALK ALONE

Good bye „Schinken"

Nicht traurig sein, dass er gegangen,
sondern dankbar, dass er bei uns war.

Deine Löwenfreunde

Löwen 78, Blue Army, Mighty Blues
und alle anderen, die dich kannten.

Die »alten« Freunde von »Panzerknacker Gozzo« halten sich hingegen stark bedeckt. Berufsbedingt, möchte man annehmen. Schluck.

Auch Panzerknacker müssen sterben.

Hans-Peter (Gozzo)

* 28. 9. 1960   † 27. 9. 2009

Freundschaft!

Deine „alten" Freunde

Zwei Anzeigen, die schon zu einem nächsten Kapitel überleiten, in dem es um Gereimtes und Ungereimtes geht: Trotz ewiger Sorglosigkeit bleibt Gudrun P. ihren Freunden von der Literatur stets gegenwärtig.

Diesmal bin ich anders. Entfernter. Bröckelnde Lavamassen mit empfindlichen Gräsern. Die brechen im Wind. (G. P.)

Gudrun P

16.12.1955 – 31.12.2005

Sie hat sich in die ewige Sorglosigkeit verabschiedet, doch bleibt sie uns gegenwärtig.

Ihre Freunde von der Literatur:

Werner D
Zsuzsanna G
Manfred Peter H
Leena K und **Peter S**
Cornelia und **Ulrich K**
Rolf S
Christian S
Hannelies T
Horst W

Vermutlich hat sich auch Claus poetisch betätigt. Belohnt wird er mit einem schönen Kompliment, wie es nur Mitschüler fertigbringen, die sich in Fragen der Literatur ihr ganz eigenes Urteil erlauben.

Echterdingen, im August 2002

Claus, Goethe war gut, aber du warst besser.

Im Gedenken an unseren Schulkameraden und Freund

Claus

Wer dich kannte, weiß, was wir verloren haben.

Die Schulklassen A und B

10

»Wenn Pritschi nicht mehr droht«

Gereimtes und Ungereimtes

Selbstgedichtete Anzeigen sind kleine Kostbarkeiten. Allerdings staunt man, wie häufig angesichts des Todes dann doch gereimt wird. Denn immerhin gehört dazu erstens Mut und zweitens Muße. Zwei Dinge, die einem eigentlich nicht im Überfluss zur Verfügung stehen, wenn ein Mensch stirbt, der einem viel bedeutet hat. Und für andere werden erst gar keine Verse geschmiedet. Von betrüblichen Ausnahmen abgesehen drückt sich in jedem Gedicht die besondere Wertschätzung für den Verstorbenen aus.

Das kann freilich auch mal auf Kosten eines oder einer Dritten geschehen wie in unserer ersten Anzeige. Zum hundertsten Geburtstag ihres Vaters verfasst Tochter Luise eine Gedenkanzeige, die uns tief in die Abgründe der Familie P. schauen lässt.

Willy P   „100 Jahre"

* 11. 4. 1884   † 21. 1. 1969

Tapfer, starken Mutes strebtest Du durchs Leben,
ging auch manchmal was daneben,
Du blicktest nie zurück!
Vorwärts war Dein Sinnen –
Du hattest immer wieder Glück!
Ich leb' zu Deines Schaffens Ehr',
Vermiss' Dich und Hugo M   sehr.
Mutter wollte meine Heirat nicht haben –
drum hat Hugo M   sich in den Tod gefahren.
Mutter zerschlug unüberlegt
unser ganzes Familienglück –
es kehrt nie mehr zurück.

In dankbarem Gedenken

Deine Tochter
Luise P

Es ist ein köstlich Ding, dass das Herz fest werde, welches geschieht durch die Gnade.

Hebräer 13,8

In Liebe und Dankbarkeit nehmen wir Abschied

Walter W

*17.11.1916 † 3.10.2008

Anneliese W
Inge und Hans B

Ulrich und Brigitte W
Brigitte und Arno B
Rolf W
Holger W

Carla S   -W   und Klaus S
mit Johanna und Carolin
Alexander und Birgit W
Anneke und Sören W

Punkt der Zeit.

Nach langem Abschied, doch ganz plötzlich, hatte sein Zeitliches ein Ende.
Im Schlaf zurück ließ er den Körper, Kinder, Enkel, uns alle Trauernde.

Eine große Seele fehlt nun seiner Familie, seiner Frau und vielen darüber hinaus.
Als Patriarch im besten Sinne - er konnt' es sein - prägte, sorgte er bis zum Aus.

Beim Fasching kaum zu glauben, fand er die Frau - sein großes Glück.
Kraft, Liebe, Zeit fand er für vier Kinder - damals war dies nicht verrückt.

Als Kind einer Generation, hart geprüft, versucht von schlimmen Geistern,
Zog es ihn zur Kirche unter Gottes Segen, ließ ihn vieles besser meistern.

Für Menschen aller Herrenländer schuf er Arbeit, voll Energie;
Baute Gleis, Straße, Brücke, schließlich Haus – in Synergie.

Sein Glück waren Menschen, nicht die Großen, mehr die Einfachen,
Besonders die ihn brachten aus tiefem Ernst, zum herzhaften Lachen.

Viele klagen, sie hätten keine Lust, noch Zeit, wie sich nur daraus retten?
Er nutzte sie, forschte, mikroskopierte über der Natur und ihren Facetten!

In deiner Erinnerung an sein Leben - ist das Glas halb voll oder halb leer?
Wenn du dankst, noch Offenes verzeihst - sprudelts mehr und mehr.

Wir schreiben weiter seinen Satz, mit unsrer Schrift, nach diesem Punkt.
Sein Leben ist sein Testament, überzeugend, aufrecht, klar und rund.

In Erinnerung an unseren guten Vater.
Seine Kinder Ulrich, Brigitte, Rolf und Holger.

Der Trauergottesdienst findet am 10.10.2008 um 17:00 Uhr
in der Stadtkirche Göppingen gegenüber dem Schloß, Pfarrstraße 25, statt.
Zahlreiche Parkplätze gibt es rund um das Landratsamt Göppingen, Lorcher Straße 6.

Klar und rund fällt hingegen die Bilanz in unserer zweiten Anzeige aus, während die dichterische Form umso ungezähmter daherkommt. In freien Rhythmen und kühnen Reimen würdigen die vier Kinder das Lebenswerk von Walter W. Besondere Aufmerksamkeit verdienen dabei die Zeilen: »Beim Fasching kaum zu glauben, fand er die Frau – sein großes Glück. Kraft, Liebe, Zeit fand er für vier Kinder – damals war dies nicht verrückt.« Dieses unbekümmerte Querfeldeindichten gefällt uns sehr. Für die Sammlung hätten wir davon gerne mehr.

Du siehst die Autos nicht mehr fahren,
an denen Du so lang geschraubt,
nachdem die zweite schwere Krankheit
die letzten Kräfte Dir geraubt!
Ich will versuchen zu bewahren,
was Du mir letztlich anvertraut!
      Dein Bruder Walter

Linsenhofen, im Mai 2008

Wir haben von meinem lieben Sohn, Bruder, Schwager und Neffen

Erich R

* 23. 7. 1951   † 10. 5. 2008

nach langer Krankheit, die er mit Geduld ertragen hat, seinem Wunsch entsprechend in aller Stille Abschied genommen. Allen, die ihn während dieser Zeit begleitet haben, sagen wir unseren herzlichsten Dank.

In stiller Trauer:
Marie R
Walter und Doris R
Lina G
Kurt G

Nicht weniger liebenswert, aber wesentlich anspruchsvoller im Reimschema sind die Verse, die Walter R. seinem Auto schraubenden Bruder Erich mit auf den Weg gibt. Und es sollte einem schon ein anerkennendes Kopfnicken wert sein, dass »Krankheit« das einzige Wort am Zeilenende ist, das keinen Reim findet und damit ganz für sich allein steht.

Könnten Uhren trauern,
würden sie um Heinz L   weinen.
Denn mit großem Bedauern
verließ der Uhrmacher die Seinen.
Das Rad der Zeit hat für ihn angehalten,
in guter Erinnerung wollen wir ihn behalten.

Heinz L

* 24. März 1921   † 23. August 2003
Danzig-Oliva   Lübeck

Karla L
Martin und Christopher
sowie alle, die ihn lieb hatten

Lübeck,

Die Trauerfeier hat im engsten Familien- und Freundeskreis
stattgefunden.

Im Gedicht für Uhrmacher Heinz L. sind
es die ersten vier Zeilen, die vor uns eine
eindrucksvolle Szenerie entstehen lassen:
Weinende Uhren und ein Mann, der »mit
großem Bedauern« die Seinen verlässt.

Der Waidmann neigt ja schon von Natur aus zum Dichten. Wenngleich da eher vorsätzlich Ungereimtes herauskommt. Ganz anders verhält es sich bei dem zünftigen Jägergedicht für Forstoberamtsrat a. D. Walter S., für das ein gewisser »hw« verantwortlich zeichnet. Vom »tränenschweren« Auge bis zum Tod, der dem Jägersmann »die Büchse« aus der Hand nimmt – hier wurde wirklich streng darauf geachtet, dass der Text auf jeden Grünrock passt.

Wir nehmen Abschied

Ein jeder Tag ist grau und leer
und manches Auge tränenschwer,
wenn man vom Glöcklein hell begleitet
zum Grab hin auf den Friedhof schreitet.

Wir Jäger stehen stumm am Grab,
der letzte Bruch fällt still hinab;
nun halte ewige Weidmannsruh,
Du alter, treuer Jagdfreund Du!

Er war ein echter Jägersmann,
wie man ihn sich nur wünschen kann;
viel Freude hat – naturverbunden -
er stets in Feld und Wald gefunden.

Jedoch für jedes Erdenleben
muss es einmal ein Ende geben;
wir alle wissen es heut nicht,
wann es erlischt, das Lebenslicht.

Der Tod, er hinter ihm schon stand,
nahm ihm die Büchse aus der Hand;
des Freundes Weg ist nun sehr weit:
Hinüber in die Ewigkeit!

Wir aber denken im Gebet
an ihn, der vor dem Richter steht;
Herr, schenk ihm dort die ewige Ruh
und guten Anblick noch dazu!

hw

Am 25.Dezember 2009 verstarb nach langer, schwerer und mit großer
Tapferkeit ertragener Krankheit im 79.Lebensjahr
unser lieber, treuer und aufrichtiger Freund und Jagdkamerad
Forstoberamtsrat a.D. Walter S

In stiller Trauer
Guido mit Karin
Doreen mit Hans Peter

Drebkau / Uttendorf im Dezember 2009

Ganz anders die etwas unbeholfene, aber umso rührendere Gedenkanzeige für Paul K., in der seine Emmi um das rechte Reimwort ringt. Wer weiß, wie das Gedicht ausgegangen wäre, wenn K. nicht in Gehrden bei Hannover bestattet worden wäre, sondern im zwanzig Kilometer entfernten Eldagsen?

Unvergessen!

Paul K

† 10. August 1998

2 Jahr' bin ich nun schon allein
und komme nicht zur Ruh'
Ach, könntest Du noch bei mir sein,
dann ging' es mir gut im Nu.
Du ruhst sanft im Grab in Gehrden,
ich frag mich täglich, was soll nur werden.

Deine Emmi

Dass ein Migrationshintergrund dem Schmieden deutscher Verse eher zu- als abträglich sein kann, zeigt die Gedenkanzeige für Dr. Cedomir P., der acht Monate zuvor verstorben war. Zum 90. Geburtstag des »Doktors« hat Dobre S. einige sehr persönliche Zeilen verfasst, die auch Außenstehende nicht unbeeindruckt lassen.

Dr. Cedomir P

* 26. 9. 1919   † 13. 1. 2009

Doktor, acht Monate ist es her,
doch keiner kennt dich mehr.
Ist das nicht traurig?
Alle gingen ein und aus,
oh, wie sah dein Grab doch aus!
Deine Habe wird zerrissen,
alle kämpfen darum verbissen.
Selbst vor meiner Wohnung war kein Halt,
mein Gott, sind Menschen doch kalt!
MACHT macht einsam und GIER ist ein großes Tier!
Habe dir Erde und Blumen gebracht,
dabei immer wieder auch an schöne Zeiten gedacht.
Heute wär' dein 90. Geburtstag.
Deine Frau im Heim und ich stehen
wie immer – wieder allein – an deinem Grab.
Ich werde dich nie vergessen.

Dobre S

Kaum vier Monate später meldet sich Dobre S. noch einmal reimend zu Wort. Und ihm gelingt etwas, was nur ein Meister seines Fachs vermag: seinen famosen Erstling noch einmal deutlich zu übertreffen.

Dr. Cedomir P

* 26. 9. 1919   † 13. 1. 2009

Doktor, ein Jahr ist es her, dein Zuhause gibt es nicht mehr.
Das mir versprochene Haus konnte man nicht trennen,
doch jetzt, da kamen Fremd ins Rennen.
Für mich war kein Andenken dabei, nicht mal Luft zum Atmen,
da standen sie schon mit Schüppe und Spaten.
Angeboten wurde mir das Haus zu einem Preis in bar
– wessen Geistes Kind es war –
Ich mache dein Grab sauber, habe es überwunden,
denn sonst wärest du im Unkraut verschwunden.
Habe gesorgt für ein warmes Zimmer,
das Oelgeld von 2009 ... ich warte noch immer.
Die Vertrauten behaupten, ich habe mir die Tasche vollgestopft.
Doktor, du hattest Geld und warst beliebt,
ich habe gearbeitet – umsonst – das ist der Unterschied.
Gott sieht alles, kann nicht überall sein,
er kann Gutes geben, aber auch Unrecht wieder nehmen.
Manche möchten in deinen Schuhen stehen,
doch es ist schwer, darin zu gehen.
Sitze oft bei einer Bekannten, alte Erinnerungen werden wach,
wird erzählt und gelacht, Belgrad ruft oft noch an,
es sind ja deine Verwandten.

Mit dem Tode verliert man vieles,
aber niemals gemeinsam verbrachten Zeit.

Priatnon Dobre S

Wer etwas gut Gereimtes haben will, muss allerdings nicht selbst zum Poeten werden. Man kann auch auf Bewährtes zurückgreifen und es sich dann passend zurechtdichten. So wie in der Anzeige für Bernd S., für die das Gedicht »Der Schauspieler« von Heinz Ehrhardt abgewandelt wurde. So weit, bis es halbwegs auf den lieben Vater zutraf, der zwar nicht auf der Bühne stand, sich aber im Fußball, Skat und Tanzen hervorgetan hatte.

Er sprach zu seinen Kindern, nachdem er dreimal ausgespuckt:
Mein Name steht in dieser Zeitung nie eingerahmt. nie fett gedruckt!

Er spielte Fußball und auch Skat. war beim Tanzen sehr gefragt.
doch niemals stand er in der Zeitung, nie eingerahmt und fett gedruckt.

Ganz ohne Aufsehen, selbstverständlich, starb er nun – hat kaum gezuckt.
Heut steht er in der Zeitung endlich schön eingerahmt und fett gedruckt.

Nach kurzer, schwerer Krankheit entschlief am 19. November 2008 unser lieber Vater

Bernd S

* 3. 12. 1946   † 19. 11. 2008

In liebevoller Erinnerung:

Astrid

Thorsten

Lars

Anke

Melanie

Die Trauerfeier und Beisetzung finden statt am Freitag, dem 28. November 2008, um 10 Uhr auf dem Friedhof Gräfrath.

Ein Mensch sieht ein, daß wer, der stirbt,
den andern nur den Tag verdirbt,
an dem, den Freunden zum Verdruß,
er halt beerdigt werden muß.
Den ersten trifft's als harter Schlag:
„Natürlich! Samstag nachmittag!"
Der zweite ärgert sich nicht minder:
„Mit meinem schäbigen Zylinder?"
Der dritte sagt: „Paßt wie bestellt!
In Friesenheim, halb aus der Welt!"
Der vierte ringt mit dem Entschluß,
ob einen Kranz er geben muß.
Der fünfte aber herzlos spricht:
„So nahe stand er mir schließlich nicht!"
Der sechste denkt nach altem Brauch:
„Ein Beileidsschreiben tut es auch!"
Und rückhaltlos bekennt die siebte,
daß er ihn überhaupt nicht liebte.
Zeit ist's. Der Sarg wird zugenagelt.
Es regnet draußen, schneit und hagelt –
kann sein, auch Julisonne sticht:
Mensch, das vergessen sie Dir nicht!
Es spricht Kollege, Freund und Vetter.
Der damals? Bei dem Schweinewetter!?
Der Mensch schreibt drum: Mein letzter
Wille – beerdigt mich in aller Stille!

Du bist nicht zu ersetzen!

Siegfried T

* 19. 10. 1939   † 11. 11. 2004

Unfassbar müssen wir Abschied nehmen.

Rita M
Regina und Klaus B   mit Familie
Tanja, Brisca und Jacko
und alle, die ihn geschätzt haben

Die Beisetzung findet in aller Stille statt.

Neben Heinz Ehrhardt eignet sich auch Eugen Roth, um der Traueranzeige eine heitere Note zu verleihen. Dessen offensiver Umgang mit dem Verzicht auf althergebrachte Elemente der Bestattungskultur enthebt die Angehörigen zugleich dem Druck, sich für die ausbleibende Beerdigungsfeier gesondert rechtfertigen zu müssen.

27. Januar 2000

Winnfried
S   (Charly)
Winfridikus Germanikus – Dichter und Denker –

„**Mensch Mädchen, alter Junge**", jetzt ist es vorbei,
das ging ja so schnell, au wei o wei.

Ich bin bei den **Göttern,** hier geht es mir gut und
unter den **Geistern** da gibt es auch Damen, ihr könnt
euch ja denken wie wohl mir das tut. Hi, hi, hi.

Nun feiert ein bisschen, trinkt Kaffee, esst Kuchen;
und nicht unter dem Tisch nach einer Flasche Wodka
suchen. Wenn der Abend sich nähert,
so nehmt ein Glas Wein, spreizet den Finger und
stoßt auf mich an, es ist schade, dass ich nicht
bei Euch seien kann.

So seied gegrüßt ihr Lieben und ihr Menschen nicht
minder, besonders aber Monika und ihre Kinder!

**Ursel, Udo, Inge, Anne, Lothar,
Otto, Heike, Margret, Christoph,
Anja, Margit, Herbert, Toni
und viele andere**

PS.: Tote frieren nicht!

Hat der Verstorbene selbst gereimt, kann das die Angelegenheit
erheblich vereinfachen. Vor allem, wenn er sich zu einem Abschieds-
gedicht aufgeschwungen hat wie der Dichter und Denker Winn-
fried S. (mit dem kecken Doppel-N).

Auch Walter R. hat etwas Passendes hinterlassen, ein nachdenkliches gereimtes Vermächtnis. Allerdings fragt man sich schon, was für eine Art von Leuchtturm ihm vorgeschwebt haben mag, wenn der auch noch den Fischen heimleuchten soll.

Ich möchte Leuchtturm sein
in Nacht und Wind –
für Dorsch und Stint,
für jedes Boot –
und bin doch selbst
ein Schiff in Not!

Walter R
* 2. 12. 1923   † 19. 8. 2009

Von der Küste ins Hochgebirge des gepflegten literarischen Nonsens: Der Maler Albrecht G. ist dem Yeti auf den Fersen und wandelt dabei sicher auf den Spuren von Ernst Jandl (→ S. 42). So geht es also auch.

Himalaya
Ei guckemalda
Himmel ja
da —
ein Yeti
A.G.

ALBRECHT G
MALER

6. 10. 1930 — 18. 1. 1996

Ingrid und Christoph G

für die Freunde:
Inge N
Heiner Z

Keinen rechten Reim können wir uns auf die Anzeige für »Pritschi« machen. Aber gerade das macht sie so faszinierend. Denn man kann lange darüber nachsinnen, um was für einen Menschen es sich bei dem wenig umgänglichen Pritschi wohl gehandelt hat. Drohen als Lebenselixier – eine erstaunliche Methode, seinen Weg zu machen. War er überhaupt ein Mensch – und nicht vielleicht eher ein zuverlässiger Wachhund, dessen Aufgabe ja das »Drohen« ist? Doch weshalb sollte er dann Freunde in der Feldstraße haben, die zudem noch eine Anzeige schalten?

Wenn Pritschi nicht mehr droht,
ist er tot.

Pritschi

**Wir sind traurig und sagen tschüss
Deine Freunde aus der Feldstraße**

Mit »Pritschi« und Yeti haben wir den Bereich der gereimten Anzeigen schon hinter uns gelassen. Wir wenden uns nun den ungereimten Exemplaren zu. Aus der folgenden Anzeige geht immerhin hervor, dass eine gewisse Schwester Ute verstorben ist. Doch die eigentliche Aussage, dass sie das nachhaltige CO_2-Handling »nicht mehr geschafft habe«, vermögen wir nicht zu entschlüsseln. Womöglich handelt es sich um eine verkappte Vehikelanzeige (→ ab S. 197), denn »Terra preta«, auch Schwarzerde, soll als »Biokohle« dazu beitragen, den Ausstoß von CO_2 zu reduzieren. Sagen einige Klimaschützer. Doch wenn die solche Anzeigen schalten, wird das nichts.

Schwester Ute †

evangel.

hat 2009 das
nachhaltige
CO_2-Handling
nicht mehr
geschafft.

Terra Preta

Wäsch is Wäsch

Rolli

"Knübbi"

Im Grunde
war alles
egal.
Aber schön
bisweilen
(Flor, 4-6/46)

Im Spätherbst 2009 - Flor c/o „Weisse Maus",
40597 Düsseldorf, Tote und Lebende zur Trauerfeier herzlich willkommen.

Das nächste Stück rechnen wir unter die
seltenen Exemplare der (spät)dadaisti-
schen Todesanzeigen. Erkennbar an den
kruden Sinnsprüchen, der Abwesenheit
von Lebens- und Sterbedaten und den
fehlenden Angaben zur Trauerfeier, zu
der »Tote und Lebende« herzlich willkommen geheißen werden.

Die nächste Nuss ist noch härter: Fünfzig Jahre nach dem Ableben von Ferdinand K. erscheint eine Erinnerungsanzeige, die ein uneingeweihter Leser kaum zu knacken vermag. Allein schon die kühne Gleichsetzung der Gegensatzpaare »gehen« vs. »bleiben« sowie »später« vs. »zu früh« deutet darauf hin, dass man hier mit dem Alltagsverstand nicht weiterkommt. Da ist es eigentlich gar nicht weiter überraschend, dass der Name des Verstorbenen unter den Hinterbliebenen noch einmal aufscheint. Der Sohn? Der Enkel? Oder erinnert sich der Verstorbene gar an sich selbst?

In Erinnerung

Ferdinand K

* 20. September 1891   † 30. März 1952

Er ging und blieb,
denn auch später wäre zu früh gewesen.

Elisabeth O   geb. K
Ferdinand K

Bochum, 30. März 2002

Unsere letzte Anzeige vermittelt eine Botschaft, die in diesem Kapitel nun ganz gewiss nicht fehlen darf. Zumal sich im nächsten alles um Tiere drehen wird.

„Vergeßt im Leben nie die Poesie"

Dr. Rolf F

22. 1. 1897 – 6. 3. 1982
Bürgermeister der Traumstadt nach dem Wunsch von Peter Paul Althaus

11

»Wir haben unseren Tiger verloren«

Trauer um Tiere

In diesem Kapitel geht es schon um eine sehr spezielle Sorte von Todesanzeigen, nämlich um solche, die dem besten Freund des Menschen gewidmet sind, und das ist oft genug ein Tier. Solche Annoncen sind nicht unumstritten und werden von Zeitungen, die auf ihren Ruf bedacht sind, gar nicht erst gedruckt. Manche finden sie schlicht geschmacklos, andere bloß amüsant, wieder andere meinen, wer solche Inserate schaltet, sollte sich auf seinen Geisteszustand untersuchen lassen. Während eine vierte Gruppe zu der Ansicht neigt, dass die tierischen Traueranzeigen die einzigen sind, in denen nicht gelogen wird.

In diesem Geist ist auch unser erstes Beispiel formuliert, das bereits Anfang der Neunzigerjahre die Anzeigenaufnahme einer Zeitung passierte. Betrauert wird das entzückende Zwerghäschen Cläuschen, dem man schon am feinen C ansieht, dass es sich um ein ganz besonderes Häschen handelt.

---

1. Februar 1991

Seit wir die Menschen kennen – lieben wir die Tiere!

Wir trauern um unser entzückendes Zwerghäschen

Cläuschen

mit dem wir über 8 Jahre lang besonders glücklich waren.
Deshalb gedenken wir in Liebe unseres kleinen Lieblings.

Ursula und Wolfgang

Cläuschen & Co. bereiteten aber nur den Boden, auf dem dann andere Tiere mit noch viel mehr Gefühl verabschiedet werden konnten. Wie etwa der herzensgute Westie-Terrier Klein-Whiskey, der auch eine ganz ansehnliche Trauergemeinde zusammenbekommt.

Unser lieber Schatz

Klein-WHISKEY!

* 21.4.1990   † 16.10.2002

Mitten im Schlaf hat Dein kleines,
treues, voller Liebe gefülltes Hundeherz
aufgehört zu schlagen !!!

Du hast so gerne mit uns zusammen gelebt!
Du fehlst uns so sehr!!!

In ewiger Liebe, Dankbarkeit und tiefer Trauer.
Küßchen-Küßchen-Küßchen Deine Andrea!
Brigitte und Rüdiger !! ♡ ♡ ♡
Grisie, Blacky und Krümel Mau-Mau-Mau!!!
Deine Spuren der Liebe werden nie verwehen!
Wir werden Dich nie vergessen!

Klein-Whiskey wurde in aller Liebe
auf dem Tierfriedhof beerdigt.

Wir haben unseren Tiger verloren!
Der Abschied ist uns sehr, sehr schwer gefallen.

Nach sagenhaften 16 glücklichen Hundejahren,
ist unser geliebter Tiger, Puschel, Mücke,
Stinkefuss bzw. Felltier am 23. März 2009
von uns gegangen.
Wir bedanken uns für diese schöne Zeit mit Dir
und werden Dich für immer vermissen.
Wir haben Dich geliebt und werden Dich für
immer lieben.
Dein Frauchen und Herrchen
Ulli und Sven

Namentlich weit weniger klar definiert ist
der 16-jährige Tiger, Puschel, Mücke, Stin-
kefuß bzw. Felltier. Ohne Foto und den
Hinweis auf die »glücklichen Hundejahre«
kämen wir bestimmt nicht auf die Idee,
dass wir es mit einem Artgenossen von
Klein-Whiskey zu tun haben.

Ebenfalls nicht ohne Foto kommt White Eisko vom Sonnenhang aus, der unsere besondere Sympathie genießt. Nicht nur weil er tapfer gegen den Krebs gekämpft hat, der ihn in seinen besten Hunde- jahren von den Seinen fortnahm. Sondern weil sich unter die Trau- ernden neben Opa Josef auch zwei Pudelkameraden einreihen, an deren klangvollen Namen sich manches Adelshaus ein Beispiel neh- men sollte. Zumal auch dort der eine oder andere »Silver Dandy« vertreten sein soll.

NACHRUF

GELIEBT UND UNVERGESSEN. UNSER BESTER FREUND

WHITE EISKO VOM SONNENHANG

IST FÜR IMMER VON UNS GEGANGEN.

MIT SEINEM ALLERLIEBSTEN WESEN HAT

„EISKO" UNS NUR FREUDE BEREITET.

ER WURDE KURZ VOR VOLLENDUNG SEINES 7. LEBENSJAHRES
VOM KREBS BESIEGT. NACH LANGER SCHWERER UND TAPFER
ERTRAGENER KRANKHEIT NEHMEN WIR ABSCHIED
SEIN FRAUCHEN UND HERRCHEN! OPA JOSEF SOWIE SEINE PUDELKAMERADEN

SILVER DANDY VOM BIRKENDAHL, GENANNT „GOLDI"
BLACK EARL VOM BIRKENDAHL, GENANNT „IDEFIX".

WIR VERMISSEN DICH SEHR UND WERDEN DICH NIE VERGESSEN

Dass Mensch und Tier im Gedenken der Hinterbliebenen keine Kon- kurrenten sein müssen (wie beim seligen Cläuschen), zeigt die Dop- pelanzeige für Alfred und Anka.

Dem Auge fern,
dem Herzen nah

Heute würden wir
Geburtstag feiern...

In liebevoller Erinnerung
Eure Angelika

Alfred
† 17.11.2003

Anka
† 19.12.2008

B l a c k y † *04.10.2007*

Unser Sonnenschein Blacky-Blinie hat sein Leben gemeistert und ist für immer ins Universum zurückgekehrt. Wir vermissen Dich sehr und danken für jede Minute, die wir mit Dir verbringen durften.
Es trauern
Dipl.-Ing. Rainer & Petra H
mit Öhrli, Sunny & Funny,
Speedy und Big Red

Gleichfalls mit einem Foto dokumentiert Diplom-Ingenieur Rainer H. aus Hameln seine innige Verbundenheit mit Kaninchendame Blacky-Blinie. Über die ist zu erfahren, sie sei nun »für immer ins Universum zurückgekehrt«. Woraus zu schließen ist, dass sich der Hamelner Kaninchenstall in einer ganz eigenen Welt befindet. Was ja eigentlich auch naheliegend ist.

Sein Kaninchen mag ins Universum zurückgekehrt sein, doch wird sich Rainer H. umso schmerzlicher dessen Einzigartigkeit bewusst. Was eine zweite Anzeige erforderlich macht, die dann aber nicht mehr von Ehefrau Petra und den fünf überlebenden Haustieren unterzeichnet wird.

B l a c k y
† *04.10.2007*

Egal, auf welchem Wege wem immer ich begegne, es ist keine wie Du. Egal, wohin ich gehe, wen immer ich dort sehe, es ist keine wie Du.

In Liebe und Trauer
Dipl.-Ing. Rainer H

Auf ihre Weise einzigartig ist auch die Anzeige für das spirituelle Schaf Seraphina, das als »Botschafterin der Nutztiere« seine Erdenmission beendet hat.

Aus dem Friedensreich des Jesaja
… dann wohnt der Wolf beim Lamm,
der Panther liegt beim Böcklein.
Kalb und Löwe weiden zusammen,
ein kleiner Knabe kann sie hüten …
Jes.11 Vers 5

* März 1996   † September 2009

SERAPHINA
von der Sonnen-Arche
Botschafterin der Nutztiere
bei den Menschen

Seraphina war das selbst-bewussteste, fröhlichste und spirituellste Schaf …

Sie hat uns Menschen als Treuhänder unserer Erde immer wieder daran erinnert, dass auch und gerade „Nutztiere" als unsere Mit-Geschöpfe ein eigenständiges Recht auf ein Leben in Würde haben.

Ich verdanke ihr als einer sehr besonderen Lebens-Gefährtin wertvollste Einsichten, nachhaltigste Erfahrungen und unvergessliche Momente der Harmonie und des Glücks.

Wir werden uns wiedersehen.

In Liebe und Dankbarkeit

Bernhard F
im Namen von Tochter Sunshine, Solara und vieler zwei- und vierbeiniger Freunde
München - Halfing · www.davidgegengoliath.de

Das spirituelle Schaf markiert aber noch nicht die Spitze tierischer Trauerinserate. Auch Zootiere wie die Delfindame Neike werden gelegentlich mit einer eigenen Anzeige geehrt. Dabei ist Neikes Tod vor allem Anlass, um auf die Ziele des Vereins »Menschen für Tierrechte« zu sprechen zu kommen. Insoweit handelt es sich um eine halbe »Vehikelanzeige« (→ ab S. 197). Und wer weint wirklich um Neike?

Wir trauern um den Delfin

Neike

Neike wurde nicht einmal 6 Jahre alt und hat in ihrem Leben nie etwas anderes kennen gelernt als monotone Betonbecken.

Neike ist leider ein neues Opfer und ein Beweis für die hohe Sterblichkeit von Großen Tümmlern in Gefangenschaft. Nach einer Studie der Internationalen Marine Mammal Organiszation (eine Vereinigung internationaler, **unabhängiger** Meeresbiologen) beträgt in den USA das Durchschnittsalter von Großen Tümmlern in Gefangenschaft 16,2 Jahre, wobei der Tiergarten Nürnberg für seine Tiere nur eine durchschnittliche Lebenserwartung von 10,6 Jahren nennt. In Freiheit werden Große Tümmler durchschnittlich 25,1 Jahre alt.

Wir trauern um Neike, stellvertretend für alle Tiere, die im Tiergarten ihr Leben lassen müssen für die Unterhaltung von Menschen. Wir trauern ebenso um die Tiere, von deren Tod die Öffentlichkeit nur pauschal erfährt wie diejenigen, die verfüttert werden, weil sie überzählig sind.

Menschen für Tierrechte Nürnberg e.V.
Tel. 09 11/41 74 19, Fax 09 11/6 37 07 40
Spendenkonto Stadtsparkasse Nürnberg,
BLZ 760 50101, Kto. 0 001 118 881

Zur Erinnerung an Rocky G

geb. 29.04.1996   gest. 16.01.2009

Wir vermissen Dich so sehr, in unseren Herzen bist
Du für immer bei uns. Sei gewiss, wir werden uns
wiedersehen an der Brücke zum Regenbogen.

**In Liebe
Deine Eltern
Dein Bruder,
den Du nicht mehr kennengelernt hast.**

Die Anzeige für Rocky G. verdanken wir Leserin Andrea B. Wie sie
uns versicherte, handelt es sich bei Rocky G. nicht etwa um den
frühzeitig abberufenen Sohn der Familie, sondern um einen im rei-
fen Hundealter verstorbenen Rüden. Und den trauernden »Bruder,
den Du nicht mehr kennengelernt hast«, würden weniger tierliebe
Menschen schlicht den »Nachfolger« von Rocky nennen.

Dass Traueranzeigen für Tiere den Eindruck erwecken, als seien sie für innig geliebte Menschen bestimmt, ist die eine Seite. Doch kurioserweise gibt es auch den entgegengesetzten Effekt: Wäre man über die Lebenserwartung von Hasen nicht hinreichend informiert, man käme bei der Anzeige für Peter D. alias Wuschel, Hopser und Schnupper schon ins Grübeln ...

Warum?
Wir wollten doch noch so viele
kühle Höhlen und Gänge graben.

70195 Stuttgart

Nach kurzer, schwerer, mit unendlicher Energie ertragener Krankheit hat sich mein geliebter
Wuschel, Wutschko, Pony, Avelengo, Hopser, Schnupper

Peter D

* 21.7.1955 † 15.9.2003

für immer von mir verabschiedet.

In Liebe:
Dein Hase
und deine Hasenmama

Die Beerdigung fand auf Wunsch des Verstorbenen in aller Stille statt.

Kein Zweifel ist hingegen erlaubt bei der Anzeige für Bernd S., der offenbar nicht zu den flinksten Zeitgenossen gehörte. Was seine Freunde zu einem humorigen Motto inspiriert hat, das nicht so leicht zu überbieten ist.

Die *Schnecke* ist gegangen

Bernd S

* 12. 09. 1951 † 21. 03. 2005

Ciao Bernie

Margit & Johann, Aline & Morena, Hanna & David,
Jürgen & Heidi, Uschi, Hermann, Julian & Leo,
Tina, Uwe, Matteo & Carla und alle die Dich lieben.

Und auch die Freunde von Jutta V. finden Worte, die einen nicht unberührt lassen. Vielleicht gelten die schönsten Tieranzeigen eben doch den Menschen.

Es ist sehr schwer, tapfer zu sein, wenn man zu den sehr kleinen Tieren gehört.

Jutta V

* 8. 1. 1963   † 11. 1. 2010

90419 Nürnberg,

Conny
Timur und Andrea
Lev und Moni
Anderl

Einäscherungsfeier am Donnerstag, dem 14. Januar 2010, um 12.00 Uhr im Krematorium Westfriedhof, Halle I.

Für die Katzenschützerin Gerlinde T. hat
der Dortmunder Tierschutzverein ein sehr
schönes Motto gefunden.

> Gott schuf die Katze,
> damit der Mensch einen Tiger
> zum Streicheln hat.
>
> Victor Hugo

Als engagierte Tierschützerin kannten wir
sie seit 25 Jahren, zuletzt als Mitglied des
Vorstandes. Sie war eine starke Persönlichkeit, die ihre Kraft vor allem für das Wohl
der freilebenden und ausgesetzten Katzen
einsetzte. Auch fanden wir sie immer an
unserer Seite, wenn es um das Leid der
Tiere in der ganzen Welt ging. Nicht nur an
ihre Tierliebe, auch an ihre menschliche Art
werden wir uns immer wieder erinnern.

Gerlinde T

Wir sagen Danke.

TIERSCHUTZVEREIN
GROSS-DORTMUND e.V.
Erika S
1. Vorsitzende

Die Anzeige für den hochdekorierten Hundefreund Walter K. ent-
führt uns hingegen in eine ganz eigene Welt, die Vereinswelt für
Schäferhunde nämlich. Dort gibt es nicht nur eine »Weltunion«, sondern auch eine eigene Gerichtsbarkeit, wie der Titel »Oberrichter«
nahelegt. Zwar handelt es sich dabei um einen Kampfrichter und leider nicht um jemanden, der sich um die Rechtsprechung kümmert.
Und doch können wir ermessen, welchen Verlust die »kynologische
Welt« erlitten haben muss, wenn ihr der Oberrichter der Weltunion
abhandenkommt.

Zwar trauert um Klaus S. keine Weltunion.
Dafür dürften seine geliebten Katzen den
Verlust umso schmerzlicher empfinden.

Der Herr ist mein Hirte –
mir wird nichts mangeln.
Psalm 23

Am 14. April 2010 verstarb nach langer
Krankheit im Klinikum Aachen

Klaus S

* 7. März 1943

Wir trauern um einen Menschen, dessen
besondere Fürsorge seinen geliebten
Katzen Grazia und Waschi galt, die er nun
zurücklassen musste.

Unser letztes Exemplar gehört zum seltenen Genre der Kombi-Anzeige. Es wird
nicht nur der Verlust von »le Bohémien«
Fabrice beklagt, sondern auch die sehr be-
rechtigte Frage aufgeworfen, wer sich jetzt
um seine Hunde kümmert.

FABRICE

Der **GROSSE GEIST** hat es so bestimmt –
le Bohémien ist von uns gegangen.

Du fehlst uns sehr. Du warst immer für uns da.

Leyla El N   **– Marlies B**
SHIVA – LINDA*

Seine Freunde treffen sich am 8. 1. 2009 ab 19.00 Uhr im „Café Art", Kapitelstraße, in
Lübeck.

*Shiva und Linda, seine Hunde, suchen dringend ein Zuhause. Wer kann helfen?

12

»Danke für die vorbildliche Rezeptabwicklung«

Dankesanzeigen

Todesanzeigen sind auch eine günstige Gelegenheit, einmal Danke zu sagen. Doch kann dieser Dank höchst unterschiedlich ausfallen, wie wir noch sehen werden. So gibt es einmal den Dank der Hinterbliebenen, der sich an den oder die Verstorbene richtet, wie in unserem ersten Beispiel. Leider ist nicht ersichtlich, wer hier dankt. Und wofür. Aber das hat bestimmt schon seine Richtigkeit so.

Rosa Luise K

6. 9. 1921 – 22. 10. 2009

Wir danken Dir!

Die Beisetzung ist am 9. November in Bad Dürrenberg.

Auf der anderen Seite gibt es Anzeigen, in denen sich der oder die Verstorbene bedankt. Und auch das kann kurz und bündig geschehen.

Liebe Freunde und Bekannte,

nachdem ich das Zeitliche hinter mich gebracht habe, möchte ich mich von Euch verabschieden mit einem Dankeschön für schöne Stunden.

Edith K

geb. H

* 28. Dezember 1918   † 10. Januar 2010

Die Urnenbeisetzung findet auf dem Waldfriedhof in Starnberg statt.

In einzelnen Fällen lässt es sich nicht zweifelsfrei entscheiden, wer sich bei wem bedankt. Aber vielleicht ist das mit dem »letzten Plum Plum« im Ohr auch gar nicht so wichtig.

Die Geige ist eingepackt, der Bogen ist stumpf, brauche kein Kolophonium für mein letztes Plum Plum.

Hans S

* 2. 8. 1930   † 13. 9. 2009

Danke

Erna S
Thorsten und Franziska
Manfred, Vera und Andrea
Tine und Ulle
und alle Angehörigen

Die Trauerfeier findet am Freitag, dem 18. September 2009, um 15 Uhr in der Kapelle des Südfriedhofes statt.

Variante drei: Der Dank geht an diejenigen, die des Verstorbenen gedacht haben.

**Wir danken allen, die unseres Vaters
in liebevoller Weise gedachten.**

Die Kinder und unsere Mutter

Die Anzeige für Roland P. ist grafisch vielleicht ein wenig irreführend, weil sie dazu
verleitet, gedanklich hinter dem Wort
»Dank« einen Punkt zu setzen. Dabei
kommt das Wesentliche ja noch ...

Statt Karten   Stuttgart, im Oktober 2009

Zum Tod meines lieben Mannes

Roland P
† 13. 10. 2009

sage ich allen herzlichen Dank,

für die überwältigende und mitfühlende Anteilnahme,
für die Zeichen der Verbundenheit und der Freundschaft,
für die tröstenden Worte gesprochen oder geschrieben,
für die Blumen und Zuwendungen für späteren Grabschmuck.

Ingrid P
mit Familie
und allen Angehörigen

Gott sah, dass die Wege zu schwierig wurden
und die Hügel zu steil, da legte er seinen Arm
um ihn und sagte:
Der Friede sei dein.

Dieter Maximilian B

* 14. September 1928   † 5. November 2009

Wir denken dankbar an den Herzspender und seine Familie, die uns
noch schöne, gemeinsame 16 Jahre geschenkt haben.

Für immer in unseren Herzen

Antje
Heike, Schw. M. Katharina
Ulf, Silke und Tim-Daniel
Wibke, Sarah Fee, Jonathan,
Cynthia und Sven

24114 Kiel,

Das Requiem feiern wir am Donnerstag, dem 12.11.2009,
um 14 Uhr in der St. Nikolauskirche Kiel, Rathausstraße 5.

Anstelle freundlich zugedachter Blumen- und Kranzspenden bitten
wir im Sinne des Verstorbenen um eine Spende unter dem Stichwort
„Dieter B   " zu Gunsten der Stiftung KinderHerz, Förde Sparkasse,
Kto. 92 055 888, BLZ 210 501 70.

Eine seltene, aber schöne Geste findet sich
in der Anzeige für Dieter Maximilian B.

Schon ein wenig ausführlicher fällt der gemeinsame Dank von Gretel S. und ihrer Familie aus. Wobei es die ersten beiden Sätze sind, die es uns besonders angetan haben und die man laut lesen muss, damit sie ihre ganze Wirkung entfalten.

Nun liebe Mutti
wollen wir uns gemeinsam bedanken !

Ein Engel Namen's Gretel sagt Danke !

Gretel S

geb. L

* 15. 2. 1923   † 4. 10. 2009

Freunde sind wie Sterne, man sieht sie nicht immer, aber man weiß, dass sie da sind.

Ein Dankeschön von ganzem Herzen,
an all die vielen einfühlsamen Menschen, die uns in unserem großen Schmerz Beistand leisteten und mit uns in stiller, tiefer Trauer von einem sehr wertvollen und fleißigen Menschen, unserer lieben Mutti, Oma, Uroma Abschied nahmen.

Unser besonderer Dank gilt Frau Pfarrvikarin Müller, für die tröstenden Worte bei der Trauerfeier unserer lieben Mutti, den hervorragenden Ärzten:
Hausarzt Dr. med. Diestel für seine sehr schnelle und gute Reaktion, auch für seine jahrelange liebevolle fürsorgliche gute Betreuung,
Herrn Dr. med. Evers der Station 23 vom Klinikum Darmstadt,
dem gefühlvollen, hervorragendem Ärzte- und Pflegeteam des Herrn Prof. Dr. med. M. Welte der Station 29 vom Klinikum Darmstadt
sowie dem Bestattungsinstitut Reinhold Bachmann und Team, dem kein Weg zu weit und keine Arbeit zuviel war, für die liebevolle Betreuung und würdevoll ausgerichtete Trauerfeier.

Wir sind unendlich traurig:
Ursula, Egon, Petra, Krischan, Frank, Vera, Tamina und Farin

Erzhausen, im November 2009

Nachruf für **Margit W**   , geb. S   ; † 17.01.2007

Wir haben Margit am 22.01. zu Grabe getragen und ich möchte allen, die dabei waren von Herzen danken. Ich danke auch denen, die gerne dabei gewesen wären, aber aus wichtigem Grunde verhindert waren. Ich finde, es ist überhaupt Zeit "Danke" zu sagen. Ganz besonders an die Adresse von:

Irmtraud	Margits Schwester, die sich in sehr liebevoller Weise stets um sie gekümmert hat, sie war Köchin, Putzfrau, Psychologin, Mädchen für alles... und einfach immer da
Erwin	Margits Schwager, dem kein Weg zu lang und keine Handreichung zu viel war
Ute	Nachbarin, Freundin, Köchin und unermüdliche Begleiterin auf Spaziergängen
Gabi	Freundin, emsige Chauffeurin zu Chemos, Ärzten, Therapien und geduldige Zuhörerin
Barbara	Freundin, die immer dann, wenn's nötig war, als Taxi, Bote oder sonst wie zu Diensten war
Oma Rosel	die unermüdlich für Margit betete und auch einsprang, wenn die Krankenkasse mal Griffel spitzte
Oma Martha	die für uns wusch, bügelte und den Jungs am Wochenende ein Schnitzel briet
Ute Bittner	eine einfühlsame Therapeutin, der Margit ihre enorme psychische Stabilität verdankte
Dr. Peltzer	Ärztin der besonderen Art, die ihren Beruf leider (zumindest vorläufig) aufgab
Dr. Grünewald-Fritsch	anthroposophische Ärztin, die sich für Margit nicht nur wie eine Löwin mit den Institutionen des "Gesundheits-"wesens herumschlug, nein, auch Hypokrates hätte (hat) seine wahre Freude an ihr
Johannes Hauser	Paten(kind?), für sein phantastisch einfühlsames Klarinettenspiel bei der Trauerfeier
Myra Raff, Peter Schick, Uli Wedlich,	für die wunderschöne Interpretation von "while my guitar gently wheeps"
Intenational Choir of Stuttgart,	für einen Chorgesang, der unter die Haut ging
Dr. Dieter Strecker	Freund und Seelsorger, der einen unvergesslichen Trauergottesdienst zelebrierte, wäre er ein Indianer würde er "dermitdemherzendenkt" heißen
Alldiejenigendiedentrauersaalüberfüllten,	Freunde, Bekannte, Verwandte, Nachbarn: ich danke Euch dafür, dass Ihr wichtige Termine verlegt und Urlaub genommen habt, um Margit die Ehre zu erweisen
und überhaupt:	ihr Trösch's, Kinner's, Maurer's, Hauser's, Bauer's, Ritter's, Sanzenbacher's, Vanhöfen's, Knödel's, König's, Heck's, Haaga's und wie ihr alle so heißt, ich will nicht vergessen, dass Ihr auch mir, dem stolzen Begleiter Margits eine große Stütze wart; ihr glaubt nicht, wie gut es tut, wenn man gefragt wird: "Mensch Fritz, wie geht's denn <u>Dir</u>? Komm halt vorbei, wenn Dir die Decke auf den Kopf fällt" .....Nehmt Euch in Acht: ich komme wirklich!

Manch einer, der in der obigen Aufstellung enthalten ist, hat mir schon gesagt, lass Dir ja nicht einfallen, mir irgendwann mal zu danken! Doch diesen Gefallen will ich nicht tun; hier verweigere ich den Gehorsam!!! Ich sag's Euch auch warum: anlässlich der Kondolenzbezeugungen an Margits Grab haben mir <u>alle</u> gesagt: "ich hab sie richtig gern gehabt...nur zu schade, dass ich mich nie getraut habe, ihr das zu sagen."

<u>Mir</u> ist es jetzt wirklich ein Bedürfnis, Euch zu danken, und ich will damit nicht bis zur nächsten Beerdigung warten! Ich habe gesprochen! Fritz W.

P.S. Andreas und Manuel!: Eure Mutter war immer sehr stolz auch Euch, ich, Euer Vater, bin es auch!

Doch der Engel namens Gretel wird locker überboten von Fritz W., der in einem »Nachruf« für seine Frau Margit zu einem veritablen Rundumschlag ansetzt.

Zwar nicht ganz so ausführlich, dafür aber »seelisch und emotional tiefreichend berührt« richtet Wolfgang N. seinen geballten Dank an den Bayerischen Bauernverband.

Seelisch und emotional tiefreichend berührt sage ich ein frohes Vergelt's Gott dem einstigen Arbeitgeber Bayerischer Bauernverband – Generalsekretariat, welcher meiner verstorbenen Ehefrau

Elfriede E

in rund zehn Jahren des Fädenzusammenhaltens bei der Landfrauenabteilung, stets Unterstützung und fördernde Wegweisung hinsichtlich ihrer Kompetenz auf fachlicher, charakterlicher sowie sozialer Ebene spüren hat lassen. Möge im Langzeitgedächtnis aller damaligen BBV-Weggefährten die Rückbesinnung auf positiv erfahrene Gemeinschaftserlebnisse rekonstruierbar sein!

München-Neuperlach, Februar 2007 **Wolfgang N**

Nach 59 Jahren Ehe ist meine Frau am 11. April 1982 gestorben. Jetzt hat sie hoffentlich ihre Ruhe gefunden.

Elisabeth S

geb. K

in Klostergrab im Erzgebirge/Sudetengau

Ich danke den Ärzten in Straubing und Mallersdorf für ihre erfolgreiche Behandlung und fürsorgliche Hilfeleistung.

Auch danke ich den Beteiligten an der Feuerbestattung, die am 15. April 1982 stattfand, sowie dem Pfarrer für seine ergreifenden Worte, der Organistin und dem Bestattungsinstitut Unterpaintner, Mallersdorf.

Der trauernde Gatte

Franz S

Es ist gewiss nichts dagegen einzuwenden, auch den behandelnden Ärzten Dank abzustatten. Allerdings sind Missverständnisse nicht ausgeschlossen, wenn im Todesfall von »erfolgreicher Behandlung« und »fürsorglicher Hilfeleistung« die Rede ist. Zumal wenn zuvor dem Wunsch Ausdruck gegeben wird, die Gattin habe jetzt »hoffentlich ihre Ruhe gefunden«.

Ganz und gar unmissverständlich ist hingegen der Ärztedank für »Tante Mieze«.

Gute Reise Tante Mieze

Maria D

Juli 1927 – September 2009

Sie hatte ein schweres Leben
und ist einen stillen Tod gestorben.

Andrea G   und Susanne S

Wir danken Dr. Weth,
der sie jahrzehntelang trotz jeder Gesundheitsreform
so gut betreut hat.

Wer dem Arzt dankt, der darf über den Apotheker nicht schweigen. Daher ist es nur zu begrüßen, dass in der folgenden Anzeige nicht nur den lieben Nachbarn, der guten Hausbesitzerin und den Anwohnern gedankt wird, sondern endlich auch einmal dem Apotheker und seinem Team. Dabei richtet sich der Dank auf etwas, das in der heutigen Zeit keineswegs mehr selbstverständlich ist, nämlich »die vorbildliche Rezeptabwicklung«.

Für die aufrichtige und mitfühlende Anteilnahme, die mir während der Krankheit und beim Tode meines lieben, guten Mannes

Friedrich W

in Wort und Schrift, durch Kranz-, Blumen-, Geld- und Hl.-Meßspenden zuteil wurde, sage ich herzlichen Dank.

Besonderen Dank Herrn Münsterpfarrer Monsignore Franz Lenk für den priesterlichen Beistand am Krankenbett und an der Beerdigungsfeier. Ich danke den Ärzten und dem Pflegepersonal des Kreiskrankenhauses Mutlangen für die gute Pflege im zwischenzeitlichen Aufenthalt sowie Herrn Dr. O. Jakober für die ärztliche Fürsorge. Unseren lieben Nachbarn, der guten Hausbesitzerin, den Anwohnern der Waisenhausgasse und Umgebung, der DJK, der Johannis-Apotheke Herrn Dr. Bichele und seinem Team, für die vorbildliche Rezeptabwicklung.

Insbesondere aber der Schwester Elisabeth und Schwester Ursula der kath. Sozialstation für ihre liebevolle und fürsorgliche Betreuung, dem Bestattungsinstitut Concordia für die hervorragende Abwicklung und allen, die ihn auf seinem letzten Weg begleiteten und für ihn beteten ein herzliches „Vergelt's Gott!".

Danksagung

Dankbarkeit wird das Gedächtnis meines Herzens sein

in so vielfältiger Weise wie im Wort, Händedruck und Geld-
zuwendungen, die Stütze, im Mitgefühl und Beistand die
Wärme gefühlt zu haben beim Abschied von meiner lieben
Mutti und Oma

Helga H

geb. F

durch ihre Mutter, alle lieben Geschwister, Verwandten,
Freunde, Nachbarn, dem Kindergarten Marienschule und
der Dachdeckerfirma H für die bedachte Wohlgefälligkeit. Besondere Schätzung gebührt Herrn Dieter E für
den gestalteten Abschied im Antlitz meiner Mutti und der
umrahmten Würde von seinem Institut sowie den bleibenden Worten seiner Rede.

Tochter Beate H   **und Enkelchen Nic**
Mutter Agnes F

Und wenn wir schon mal bei den Apothe-
kern sind, dann dürfen auch die Dachde-
cker nicht übergangen werden. Wobei wir
schon gerne genauer wüssten, was man
sich unter »bedachter Wohlgefälligkeit«
vorzustellen hat. Und was das Bauamt dazu sagt. Auch nicht übersehen werden
sollte der Dank für den »gestalteten Abschied«, bei dem auch die »umrahmte
Würde« ihren gebührenden Platz findet.

Zu einem »gestalteten Abschied« gehört ohne Zweifel auch eine »würdevolle Trauerbekleidung«. Ungewöhnlich nur, dass dafür das Bestattungsinstitut sorgen muss. Sind die Verwandten, Bekannten und Kegelfreundinnen von Helene W. womöglich unangemessen farbenfroh zur Trauerfeier erschienen, sodass hier professionelles Eingreifen erforderlich war? Dann gebührt dem Institut wahrlich großer Dank. Vielleicht hat aber auch nur die telefonische Anzeigenannahme den Dank für die »Trauerbegleitung« nicht richtig verstanden.

Herzlichen Dank

sagen wir allen, die sich beim Abschied
von unserer lieben Verstorbenen

Helene W

in stiller Trauer mit uns verbunden fühlten und ihre Anteilnahme in vielfältiger Weise zum Ausdruck brachten. Ein besonderer Dank gilt allen Verwandten, Freunden, Bekannten und Nachbarn, den Kegelfreundinnen, dem Pflegepersonal der VS Eisleben, dem Pflegepersonal des Senioren und Pflegeheimes Wolferode, den Hausarzt Herrn Dr. Geisler und dem Bestattungsinstitut Wahrlich für die würdevolle Trauerbekleidung.

Eine verdeckte Spitze könnte sich in der Danksagung für Willy von A. verbergen. Gab es da welche, die vor lauter Würdigung seiner Schaffenskraft seine menschlichen Qualitäten einfach außer Acht ließen?

Allen, die beim Abschied
unseres geliebten Mannes und Vaters

Willy von A

nicht nur seine Schaffenskraft, sondern ihn auch als Menschen mit würdevollen und herzlichen Worten geehrt haben, danken wir, auch für die unzähligen Beweise der Anteilnahme.

Zwischen den Zeilen zu lesen ist auch die Anzeige, in der Udos Angehörige in seinem Namen Dank sagen. Allerdings nutzen sie diese Gelegenheit, um ihre Sympathie für jemanden zu bekunden, der offenbar nicht bei allen auf Verständnis stieß. Ein schöner, lebenskluger Kommentar, denkt man, bis man die abschließende Klammer erreicht ...

Lieber Udo!

Wir möchten in Deinem Namen allen Dank sagen, die uns in dieser Ausnahmesituation zur Seite gestanden sind.

Wir haben unsere eigene Meinung von Dir und brauchen kein Bild, welches versucht Dich zu demontieren, wir wissen wie Du wirklich warst: ehrlich, zuverlässig, zynisch bisweilen (wenn es nötig war), scharfzüngig und hilfsbereit, aber kein Engel (Engel treten nämlich nicht aus der Kirche aus, sie fliegen vielleicht drüber und schütteln mit dem Kopf).

Lieber Sohn, lieber Bruder, lieber Onkel, lieber Freund und großer Junge, du fehlst uns.

Alle die Dich lieben und immer lieben werden

(Der Nebel wird dichter und Fred sucht jetzt sein Pferd)

Beeindruckend in ihrer Souveränität ist die Anzeige, mit der sich die 86-jährige Erika N., die »Frau vom Eulenspiegel«, von ihren Mitmenschen verabschiedet. Es sind die kleinen Dinge, die ihr nicht entgangen sind und für die sie sich zum Schluss noch einmal bedanken möchte. Wir stellen uns eine wache, lebenslustige Frau vor, die ohne Bitterkeit sagen kann: »Es gibt keine Feier.«

Erika N

geb. von P

geb. 15. 12. 1910   gest. 7. 10. 1997
Berlin   Lübeck

dem *Ulenspegel* sien Fru

Sehr herzlich möchte ich allen danken, die in den letzten zwanzig Jahren, seit dem Tode meines Mannes, immer freundlich und hilfsbereit waren: den damals Jugendlichen im Lügrülü, den Taxifahrern, die mich spät abends nach Hause fuhren und in der letzten Zeit zum Arzt, den Menschen in den Ämtern und denen auf dem Markt.
Speziellen Dank an den Chef des Lebensmittelgeschäftes am Brink, der durch nur noch mögliche telefonische Bestellungen wesentlich mehr Mühe hatte als mit anderen Kunden und immer freundlich war. In meinen Dank sind alle eingeschlossen, mit denen ich zu tun hatte, speziell auch meine nächsten Freunde.
Es war schön, von so vielen warmherzig begleitet zu werden. Es gibt keine Feier. Mein Körper geht in die Universität Lübeck.

Tschüs! E. N.

Die Anzeige für Alfred Raphael P. beeindruckt hingegen aus konträren Gründen: Hier wird der Dank mit großem Orchester gespielt. Es werden rote Tränen geweint, schwere Steine am Grab weggewälzt und die Worte des Diakons hallen als Sphärenklänge durch den Kosmos. Auch wenn es uns nicht vergönnt war, an den Feierlichkeiten teilzunehmen, so ahnen wir: Die Show muss wirklich beeindruckend gewesen sein.

Danke Euch ALLEN, die Ihr aus NORD und SÜD,
aus OST und WEST herbeigeeilt seid,
um meinem GATTEN

Alfred Raphael P

die letzte EHRE zu erweisen.

DANKE meiner geliebten NICHTE BRIGITTA und Ihrem GATTEN TIZIANO
– welche mir wahrlich der HIMMEL sandte um in der letzten LEBENS-
STUNDE den wundersamen HEIMGANG zu erfahren, nämlich, dass der
GELIEBTE als GRUSS zwei kleine rote Tränen – ja rote – für uns weinte!
DANKE den DREI FRAUEN, die den schweren STEIN am GRAB weg-
wälzten: LONI, der SELBSTLOSEN Nachbarin, welche immer bereit war,
in der NOT zu HELFEN und mitzufühlen.
Ihrer betagten FREUNDIN, Frau ROELLI, welche mit gütiger HAND meine
HUNDE-KINDER besorgte, wenn NOT auch dort war.
Und dann USCHI, die BLUMENFEE aus Zollikon, die in der langen
KRANKHEITSZEIT immer wieder unser HEIM mit den allerschönsten
ROSEN und anderen BLÜTEN verzauberte.
DANKE Herrn DIAKON WESTERMANN für Worte, welche sicher im
HIMMEL angekommen sind, die Sphärenklänge, die noch nicht verhallt
sind, das MANNA, das uns dann wieder stärkte.
DANKE den beiden HOHEN HERREN der Zunft Riesbach, Zunftmeister
Dr. Thomas SAUBER und Stadthalter Ferdinand Schäfer für die Begleitung
und den wunderbaren BLUMENGRUSS.
DANKE unserem FREUND Josef STAUB für das letzte AMEN. Ich habe ihm
viel abverlangt und sein INNERSTES berührt.
DANKE für die TRÄNEN, die Ihr mit mir geweint habt, für die Umarmun-
gen, Karten-Grüsse, Briefe, Blumen, Gestecke und Kränze. Ihr wart
einmalig.

Vergelts EUCH ALLEN GOTT!

Noch einmal bin ich den WEG mit DIR gegangen, NOCH EINMAL!
Es waren dieselben Bäume, die schon damals standen
oder waren sie's doch nicht?
Es waren dieselben BLUMEN oder sind sie's doch nicht?
SIND es dieselben Tore, die wir gemeisam durchschritten haben
ODER sind sie HÖHER geworden?
Ich weiss es nicht!

In LIEBE
ELSI P
und Angehörige

Die Pilgerfahrt durch die Unendlichkeit, die einst in GOTT begann
und in der GOTTHEIT endet.
Nach K. O. Schmidt, aus seinen Schriften:
«Und der Tod wird nicht mehr sein».

Dass manchen Menschen aus sehr eigentümlichen Gründen ein ehrendes Andenken bewahrt wird, zeigt unsere letzte Anzeige. Sie leitet bereits zum nächsten Kapitel über. Darin geht es um solche Inserate, die nur die Form der Todesanzeige nutzen, um Botschaften ganz anderer Art loszuwerden.

Erich Honecker

✝ 29. Mai 1994

Wir trauern um einen der besten Genossen,

der es geschafft hat, der Welt 40 Jahre lang die

OSSIS vom Hals zu halten !

Erich wir vermissen Dich !

13

»Die Deutsche Mark ist nicht mehr«

Todesanzeigen als Vehikel

Wir haben es schon im Vorwort angesprochen: Todesanzeigen werden stark von Konventionen bestimmt: Der Trauerrand, der fettgedruckte, freigestellte Name mit Geburts- und Sterbedatum, bestimmte Formulierungen (»In Liebe und Dankbarkeit ...«), das schlanke Kreuz, die Namen der Hinterbliebenen – es müssen gar nicht alle Elemente vorhanden sein, und wir wissen doch sofort: Wir haben eine Todesanzeige vor uns.

Aber das ist gar nicht immer der Fall. Manche Zeitungsinserate nutzen die Form der Todesanzeige nur als Vehikel – für ganz andere Zwecke. Dabei ist unsere erste »Vehikelanzeige« noch relativ nahe an einer echten Trauerannonce. Denn immerhin ist der Verlust eines Lebewesens zu beklagen, das dem Inserenten viel bedeutet hat – auch wenn es sich nur um einen alten Baum handelt und die Trauerfeier »im Kopf« des braven Bürgers aus Iserlohn-Letmathe stattfindet.

In Liebe und Dankbarkeit nehmen wir Abschied. Trotz intensiver baumchirurgischer Maßnahmen in den Vorjahren.

Rotbuche

gestorben als „Gefahrenbaum"
* ? 1788   † 27. 10. 1988

Sie starb durch eine Motorsäge nach einem Leben für den Menschen.

In stiller Trauer:
Ein Letmather Bürger
und Anverwandte
Die noch lebenden Bäume

5860 Iserlohn-Letmathe, Park von Haus Letmathe

Die Trauerfeier findet in aller Stille im Kopf statt.

Um Baumfällarbeiten größeren Ausmaßes geht es in dem folgenden »Nachruf« aus Südhessen, der dann auch schon deutlich aggressiver ausfällt. Um der Empörung noch mehr Tremolo zu verleihen, darf auch der Hinweis auf die mitleidenden »Zug-, Greif- und Singvögel« nicht fehlen. Sowie als besonderes Ass: jener auf gleich »neun streng geschützte Fledermausarten«.

Nachruf

Es starb durch einen brutalen Kahlschlag
das Herzstück unseres

WALDes auf dem BINSELBERG

* 1910 † 06.02.2010

Es rissen ihn aus dem Leben:
- die Windkraftbetreiber, jetzt HSE-Entega
- RP Darmstadt
- Politiker aus Gr.-Umstadt (Magistrat)
- Hessenforst und unsere Naturschützer BUND und NABU

Mit Wut und in tiefer Trauer:
H.Bucher, M.Bucher, E.Butter, J.Butter, D.Frenzel, G.Frenzel, M.Geisinger, P.Geisinger, H.Glaser, Prof.Dr. E.Meueler, Dr. R.Rawanpur, C.Sillack, D.Sillack, R.Volz, R.Volz, die Mehrheit der Raibacher Bürger, viele Groß-Umstädter. Es leiden mit: Zug-, Greif- und Singvögel sowie neun streng geschützte Fledermausarten.

Ich hab' den Vater Rhein in seinem Sarg geseh'n ...

VATER RHEIN

* vor Mill. Jahren   † 1. 11. 1986

Nach langer, schwerer Krankheit fiel der von uns allen geliebte Rhein dem Restrisiko zum Opfer. Sein Tod war plötzlich, wenn auch nicht unerwartet.

Die Krankheit des Rheins konnte trotz „steter Umweltleistungen" der Arznei- mittel- und Chemiekonzerne nicht gelindert werden. Einen höheren Sicherheits- standard wollten sich die Aktionäre nicht zumuten.

Im Namen der empörten Hinterbliebenen:

E. KAHN, B. LENZEN, J. OSSENBACH
R. RAMBKE, U. SCHAUFF, I. WAGNER

Die Beisetzung findet in tödlicher Stille statt.

Diese Anzeige wurde von 236 Bürgern finanziert.
Der Überschuß wird an Greenpeace überwiesen.

Noch einen Schritt weiter gehen die Um- weltschützer in unserer dritten Anzeige und erklären »Vater Rhein« kurzerhand für tot. In den Achtzigerjahren befand sich der Rhein tatsächlich in einem beklagens- werten Zustand, von Lachsen damals kei- ne Spur. Mit dem Tod von Flüssen ist das allerdings so eine Sache. Und so haben wir hier den seltenen Fall einer Todesanzeige, die den Tod, den sie beklagt, gerade ver- hindern will.

Aus und vorbei war es allerdings Ende 2001 mit der Deutschen Mark. Der Euro wurde gesetzliches Zahlungsmittel. Und damit war für die D-Mark auch eine Todesanzeige fällig, die vor allem gegen die neue Währung gerichtet war. Doch auch hier wird am Ende der Hoffnung Ausdruck verliehen, die D-Mark werde sich eines Tages wieder »erheben« – aus welcher Asche auch immer.

Wir alle sollen's lesen
im schweigenden Gestein.
Sie war uns treu gewesen,
nur wir durften's nicht sein.

Der letzte Stolz der Deutschen, die

DEUTSCHE MARK

* 4. Dezember 1871 † 31. Dezember 2001

ist nicht mehr!

Schmerzerfüllt teilen wir mit, daß heute Nacht 24 Uhr die Deutsche Mark im blühenden Alter von 130 Jahren an der Brüsseler Maastrichtitis verschieden ist.

Mit einer Verschiebung von Bedeutungen und einem Austausch von Begriffen haben die verantwortlichen Politiker das deutsche Volk semantisch getäuscht und es gezwungen, Dich, solide DEUTSCHE MARK, bar jeder demokratischen, wirtschaftlichen und rechtlichen Glaubwürdigkeit, zu früh, allzufrüh, zu Asche werden zu lassen.

Von Anfang an lästig, dann als schädlich und zuletzt als unerträglich angesehen, warst Du, liebe, alte DEUTSCHE MARK, die Zielscheibe aller Strategien!

Mit Deinem Nachfolger, dem pflaumenweichen Euro, dem synthetischen Ersatzgeld – der frankophonen Talmiwährung –, erleben wir den Spargroschen-Diebstahl, den konzentrierten Marsch ins Nichts!

Wir, Deutsche, die das noch sind und auch bleiben wollen, gedenken Deiner, liebe, alte DEUTSCHE MARK, in tiefer, unauslöschlicher Dankbarkeit.

„Stolz von Sagen umwoben standest Du seit mehr als Einhundert Jahren auf hartem Fels kühn und hoch – die trauernden Hinterbliebenen sind sich sicher, daß Du Dich eines Tages wieder wie ein Phönix aus der Asche erheben wirst."

Für die trauernden Hinterbliebenen:

Gerhard H
Vogesenstraße 15

Brenschelbach, den 1. März 2002

Gelegentlich tarnen sich Werbeanzeigen als Todesanzeigen. Denn die haben den Vorzug, dass sie im Unterschied zu den Ersteren auch gelesen werden. Im vorliegenden Fall werden die Porträts auf den alten Geldscheinen zu Verstorbenen erklärt, um auf eine Artikelserie über den Euro neugierig zu machen.

Dein Sein gilt, nicht dein Schein. *Christian Morgenstern*

Dankbar und in tiefer Trauer nehmen wir Abschied von:

Bettina von Arnim

Carl Friedrich Gauß

Annette von Droste-Hülshoff

Balthasar Neumann

Clara Schumann

Paul Ehrlich

Maria Sibylla Merian

Wilhelm und Jacob Grimm

Obwohl sie sich stets rar gemacht haben, wenn man sie brauchte, waren sie uns lieb und teuer. Die Einäscherung findet am 1. März 2002 in den Landeszentralbanken statt.

Das Leben geht weiter – auch wenn vieles anders wird. Der Euro kommt. Die neue Serie. Ab 12. Mai in der Süddeutschen Zeitung.

Auch bei dieser ungewöhnlichen Todesanzeige dürfte es letztlich um kommerzielle Interessen gehen. Doch die werden so charmant verpackt, dass wir uns ein Kompliment nicht verkneifen können.

Für uns alle unfassbar verließ uns plötzlich das geknackte Verschlüsselungssystem von Premiere. Es war ein treuer Helfer für den illegalen Empfang von Deutschlands schönstem Fernsehen.

BETACRYPT

• 01.07.1996 † 30.10.2003

In stiller Trauer nehmen Abschied:
ca. eine Million Premiere Schwarzseher

Die Trauergemeinde versammelt sich bei Premiere Händlern,
in der Online-Trauerhilfe (www.premiere.de) oder am
Seelsorge-Telefon (0180/55 100 11, € 0,12/Min.), um Trost zu finden.

Hier können wir ein offizielles Abonnement erwerben und so über den
schmerzlichen Verlust des geliebten Premiere Programms hinwegkommen.

Er hatte halt Pech!

Jesus von Nazareth

* Weihnachten   † Karfreitag

In Traueraktion: Pfarrer André Hermany

Die Trauerfeier findet statt am Karfreitag, dem 6. April 2007, um 15.00 Uhr
in der Kirche St. Marien in Langenzenn, Breslauer Straße 1.
Wenn Sie es „wie üblich" wollen, kommen Sie besser nicht!

Werbung etwas anderer Art betreibt Pfarrer André Hermany aus dem mittelfränkischen Langenhenn. Er möchte seine Kirche auch am Karfreitagnachmittag füllen. Das launige Motto und der Umstand, dass sich der Geistliche »in Traueraktion« befindet, lassen einen beschwingten Gottesdienst erwarten.

Trauer um den Schokoladennikolaus und den vorzeitig »vernaschten« Spekulatiuskeks – und dann stecken die evangelische und katholische Kirche Bochum dahinter. Die haben sich eben etwas einfallen lassen, damit die Leute über den Sinn der Adventszeit nachdenken.

Zu früh!

Nikolaus von Schokolade

* 15. Okt.   † 28. Okt. 2003

Um Traditionen schert sich keiner,
Immer früher müssen wir richtig ran.
Bis Advent schafft es kaum noch einer,
Wir trauern um unseren besten Mann.

Die Bochumer Nikoläuse.

✝ Rettet die Adventszeit!

Evangelische und Katholische Kirche Bochum

Statt Beileidswünschen ist Ihre Meinung gefragt: www.rettet-die-adventszeit.de

Zu früh!

Spekulatius Keks

* 15. Okt.   † 04. Nov. 2003

Keiner will mehr bis Dezember warten,
Zu früh haben sie auch dich vernascht.
Würden sie den Advent pünktlich starten,
Wir wären angenehm überrascht.

Deine Freunde aus der Keksdose.

✝ Rettet die Adventszeit!

Evangelische und Katholische Kirche Bochum

Statt Beileidswünschen ist Ihre Meinung gefragt: www.rettet-die-adventszeit.de

Zu welch feiner Ironie die Geschäftsführung eines Kieswerks fähig ist, zeigt die folgende Anzeige aus der Schweiz.

Anzeige

Die Summe aller Hoffnung führt zum Konkurs

H.K.P.B.

Tieferschüttert geben wir bekannt,
dass unser Gross-Schuldner

W   Bauunternehmung GmbH

8362 Balterswil TG

24.12.1998 - 15.01.2010

Konkurs gegangen ist.

Unser Beileid gilt den beiden Gesellschaftern
Guido und Barbara W   , Balterswil
welche nach dem Verlust der Gebr. W   AG (1999)
nun mit W   Bauunternehmung GmbH
ihr zweites «Kind» verlieren.

Leider haben wir die Krankheit
zu spät zur Kenntnis genommen.

Wir wissen, was wir verloren haben!

In stiller Trauer:
KIESWERK AADORF AG

An Stelle von Blumen bitten wir um Spenden
an das Konkursamt Frauenfeld

Aus sicherer Entfernung grüßt hingegen der Auslandschweizer Pedro J., um anlässlich des hundertsten Geburtstags seines Vaters die »gravierende Führungsschwäche der Schweizerischen Bundesexekutive« zu beklagen.

In Memoriam
Zum hundertsten Geburtstag

HEINZ (YEHUDA) J
30. 9. 1909 bis 3. 5. 2009

Arzt für Allgem. Medizin, FMH, Thalwil/ZH
Offizier der Schweizer Armee im Réduit

Als erstgeborener Sohn erweise ich dem Verstorbenen die gebührende Ehre.

Die damalige Kriegsgeneration würde sich heute im Grab oder in der Kremations-Urne buchstäblich umdrehen, angesichts der

gravierenden Führungsschwäche der Schweizerischen Bundesexekutive 2009 Bundesrat, (Bundes-Bern-Lobby)

Ich grüsse als ausgezogener Auslandschweizer aus Indonesien, wo wir uns über **HELVETIA** schämen und empören.

Pedro J   , «Flying Piano» Swiss Restaurant, Buddha Art Gallery, Jl. Werkudara, Bali, Indonesia. 30. 9. 2009

DANKE

für die tiefempfundene und bewegende Anteilnahme am gewaltsamen Tod meiner Frau

Rosemarie F

und an meinen schweren Verletzungen.
Ich wähle am Sonntag den Menschen

Dr. Edmund Stoiber

weil ihm die Not der Kranken nicht gleichgültig ist und weil er einen starken Charakter für die
Schwachen beweist.
Siegfried K
z. Z. Uni-Klinik rechts der Isar, Intensivstation

Gleichfalls ein politisches Anliegen hat
Siegfried K., für das sich vielleicht eine
günstigere Gelegenheit hätte finden lassen. Auf der anderen Seite muss man zugeben: Dieser unvermittelte Wahlaufruf
gerät bestimmt nicht so leicht in Vergessenheit.

Tief erschüttert nehmen wir Abschied
von der

Mietrechtsreform 2001

* 1. September 2001 † 27. Mai 2004

Als hoffnungsfrohes Kind geboren, kränkelte es alsbald an
einem Geburtsfehler. Inkompetenz und Ignoranz schufen
eine verunglückte Gesetzesformulierung. Der Gesetzgeber
schlug alle Warnungen in den Wind und es kam,
wie es kommen musste: der Bundesgerichtshof kassierte
im Juni 2003 die wichtigste Regelung.
Für „Alt"-Mietverträge bleibt es bei den langen Kündigungs-
fristen. Die Bundesjustizministerin versprach rasche Heilung
durch ein neues Gesetz. Dies gibt es noch immer nicht und
ist offenkundig für immer gestorben.

Die trauernden Mieter/Innen der Bundesrepublik Deutschland

BERLINER MIETERVEREIN E.V.

Landesverband Berlin im Deutschen Mieterbund

Hartmann Vetter
Hauptgeschäftsführer

Die Verblichene wurde in einer feierlichen Zeremonie vor
dem Bundesministerium für Justiz in Berlin unter großer
Anteilnahme der Öffentlichkeit gewürdigt. Die Urne wurde
anschließend im engsten Familienkreis auf dem Friedhof für
gebrochene Regierungsversprechen beigesetzt.
Bilder von der Trauerzeremonie unter
www.berliner-mieterverein.de

Todesanzeigen werden auch gerne hergenommen, um der Öffentlichkeit mitzuteilen, wie tief enttäuscht man ist. So beklagt der
Berliner Mieterverein handwerkliche Mängel der rot-grünen Miet-
rechtsreform. Und schon ist ihm »große Anteilnahme der Öffentlichkeit« sicher.

Und auch hier Enttäuschung: Deutschland
wird nicht Fußballweltmeister. Dann muss
aber schnell eine Todesanzeige her.

– Statt Karten –

Alles hat seine Zeit,
es gibt eine Zeit der Freude,
eine Zeit der Stille,
eine Zeit der Trauer
und eine Zeit der dankbaren Erinnerungen.

Er ist plötzlich und unerwartet von uns gegangen.

Traum vom Weltmeister

* 9. 6. 2006   † 4. 7. 2006

In stiller Trauer:
das Deutsche Volk
die deutschen Fußballfans
die deutsche Euphorie

44137 Dortmund, Westfalenstadion

Die Trauerfeier ist am Sonntag, dem 9. Juli 2006, um 20.00 Uhr im Olympia
Stadion in Berlin. Dort wollten wir Weltmeister werden.
Im Anschluß findet die Beisetzung statt.

Ähnlich mag der Fall bei den Abiturienten des Jahrgangs 1991 im Starkenburggymnasium zu Heppenheim gelegen haben. Da hatten sie diese gute Idee mit dem Behindertenfahrstuhl, der zum »Abi-Denkmal '91« erklärt werden sollte. Und dann macht ihnen der Kreistag einen Strich durch die Rechnung. Klare Sache, da war eine Todesanzeige fällig. Nicht für den Behindertenfahrstuhl, denn den hatte es ja gar nicht gegeben. Sondern für die Idee, einen Behindertenfahrstuhl zu installieren. Klingt kompliziert, ist aber ganz einfach. Denn hauptsächlich ging es darum, den grimmigen Satz hinschreiben zu können: »Seine Mörder werden wir lange in Erinnerung behalten.«

Wir trauern um unsere gute Idee, den

Behindertenfahrstuhl

der im Starkenburggymnasium installiert werden sollte und als Abi-Denkmal '91 gedacht war.

Voraussehbar und dennoch völlig unerwartet starb die Idee in der Kreistagssitzung vom 22. April 1991.

Seine Mörder werden wir lange in Erinnerung behalten.

Enttäuscht und verbittert:

**Die Abiturienten 1991
des Starkenburggymnasiums
zu Heppenheim**

Heppenheim, im April 1991

Von Beileidsbekundungen bitten wir abzusehen.

In tiefer Wehmut geben wir das Ableben des

Café Papagei

1927 – 2010

nach einem turbulenten Leben bekannt.

In großer Melancholie:
Die Hinterbliebenen
Die Ehepaare, die sich hier kennen lernten
Die Geschiedenen, deren Scheidungsursache hier auftauchte
Alle Gäste, denen die Geselligkeit und die Lebensfreude im Gesicht stand

Die Erdbodengleichmachung findet ab 7. April 2010 statt.

Wehmütig und melancholisch nehmen hingegen die Sympathisanten des legendären Café Papagei in Rosenheim Abschied von ihrem erinnerungsträchtigen Lokal.

Dörte

Unsere geschätzte Mitbewohnerin geht von uns. Sie hinterläßt **vier** trauernde Menschen: Christoph 1 (34), Christoph 2 (24), Markus (28) und Wiebke (20). Sie hatte eine schöne Zeit in ihren **zwei zusammenhängenden, jeweils 12m²** großen, hellen Zimmern. Im Winter wärmte sie ihre zarte Gestalt an einem **Gasofen**. Vielleicht fiel ihr Blick dabei durch die zwei Fenster ihrer Dachgeschoßzimmer, gen Westen, über unsere schöne Stadt, und erfreute sich an den Sonnenuntergängen. Was uns bleibt, ist die Erinnerung und ihr Teppich, den sie neu verlegte. Warum geht sie von uns? Hat sie mehr erwartet für **schlappe 250 Mark kalt plus 40 Mark Gas und 30 Mark Strom**? Oder wollte sie uns nicht? Trotz unserer **Geschirrspül-** und Waschmaschine? Trotz des großen Flures, des Abstellraumes, der drei Keller und des Trockenbodens? Gefiel ihr die Lage im östlichen Ringgebiet nicht?

Werden wir es je erfahren...

Willst Du (**weiblich**) an unserer Trauer teilhaben?
Ruf an: 34 19 67.

Auf ungewöhnliche Art geht eine Wohngemeinschaft auf die Suche nach einer neuen Mitbewohnerin. Die braucht wohl vor allem eines: Verständnis für eine bestimmte Art von Humor.

Humor brauchen auch Dr. Titus C. und Elisabeth K., deren Kinder auf ihre Weise zur bevorstehenden Vermählung gratulieren. Oder sollte man besser sagen: kondolieren? Ein wenig irritiert dann doch der Hinweis, das Mitbringen von Blumen und Hochzeitsgeschenken zu unterlassen.

Pflichterfüllend geben wir die

Vermählung unserer Eltern

Dr. Titus C   ∞ Elisabeth K

bekannt, welche unvorbereitet in viel zu jungen Jahren aus der Selbständigkeit sich reißend am

Montag, 7. Dezember 2009, in Schwarzenfeld

sich trauen (lassen).

Von Blumenspenden und Hochzeitsgeschenken im geöffneten Rathaus bitten wir Abstand zu nehmen.

Fassung bewahren

Karl-Johann C
Timotheus C
Söhne des Bräutigams

Elisabeth M
Katharina S
Töchter der Braut

Das Kapitel möchten wir beschließen mit einer literarischen Vehikelanzeige. Der isländische Erzähler Jón Svensson, genannt »Nonni«, dürfte hierzulande zwar größere Popularität genießen als der norwegische Dichter Øret Laxon (→ S. 35). Da seine Bekanntheit bei deutschen Leseratten allen Alters aber gewiss noch steigerungsfähig ist, war sein 65. Todestag Grund genug für die deutsch-isländische Gesellschaft, eine Traueranzeige zu schalten, um dezent daran zu erinnern, dass »Nonni« noch nicht vergessen ist. Erleichtert wird der Leser vernehmen, dass noch alle zwölf »Nonnibücher« im Handel erhältlich sind.

Zum 65. Todestag von „NONNI" - P. Jón Svensson SJ

Der Herr nimmt uns die Lebenden.
Er gibt uns die Unsterblichen wieder.

Tot ist nur, wer vergessen wird.
Der große isländische Erzähler „NONNI" lebt!

JÓN SVENSSON - „NONNI"
* 16. Nov. 1857 in Mödruvellir/Island
† 16. Okt. 1944 in Köln

Dem unvergesslichen Autor der 12 „Nonnibücher" (alle sind über Online-Buchhandlungen noch zu haben!) in Dankbarkeit und Verehrung.

Im Namen seiner großen und kleinen Leseratten:

F. P
Mitglied der Deutsch-Isländischen Gesellschaft e.V. Köln

Köln, im Oktober 2009

Gedenkfeier: Freitag, 16.10.09 - 15 Uhr, an „Nonnis" Grab auf Melaten (Lageplan wird am Eingang ausgehängt).
Gedenkgottesdienst: Samstag, 17.10.09 - 18 Uhr, St. Franziskus-Hospital, Schönsteinstraße, S-Bahnhof Köln-Ehrenfeld.

14

»Die Schuhe eines Arztes quietschen selten«

Letzte Einsichten

Am Ende geht es noch einmal ums Ganze. Denn in Todesanzeigen soll oft noch etwas Bedeutsames, Hintergründiges, Allgemeingültiges mitgeteilt werden: eine Botschaft an die Nachwelt, ein profundes Resümee, eine tiefe Einsicht, die uns nachdenklich oder zuversichtlich stimmt, heiter oder auch ratlos. Nicht selten stammen die Worte vom Verstorbenen selbst, was ihnen besonderes Gewicht gibt. So ist es auch in unserer ersten Anzeige, die uns mit dem gewissenhaft datierten »Wunschtext« bekannt macht, den sich Gerhard S. vor mehr als 30 Jahren auf seinen Grabstein meißeln lassen wollte.

„Er ist gestorben – das ist ja nicht weiter verwunderlich.
Aber er hat gelebt – und darauf kommt es an!"
(Wunschtext des Verstorbenen für seinen Grabstein, 1978)

Gerhard S

06. 02. 1926 – 29. 01. 2010

Er hatte Freunde auf der ganzen Welt.

Max S
Simone R   ·S
Donna M
Irina O
Carolina G

medico international Stichwort: n
Spendenkonto: Konto-Nr. 18   , Fr   Sparkasse

Erwin F. zieht eine positive Lebensbilanz. Gäbe es da nicht einige grundsätzliche Bedenken.

Erwin F

* 24. 9. 1909   † 2. 3. 1993

Mich hat das Leben gefreut.
Enttäuscht war ich darüber, daß Ehrlichkeit und Redlichkeit zu wenig
verbreitet sind auf der Welt.

Jochen G. überrascht hingegen mit einer ebenso hintergründigen wie an dieser Stelle unerwarteten Kritik am griechischen Philosophen Platon.

*Platon ist mir lieb, aber noch lieber
ist mir die Wahrheit.*

Dr. Jochen G

1937 – 1994

Erschüttert nehmen wir Abschied von der körperlichen Hülle unseres Freundes.

Eher mit Ludwig Wittgenstein hält es Elfriede P. Der Philosoph hatte in seinem Tractatus logico-philosophicus geschrieben: »Der Tod ist kein Ereignis des Lebens. Den Tod erlebt man nicht.« Elfriede P. drückt das noch etwas beschwingter aus – sodass es sich hinten reimt.

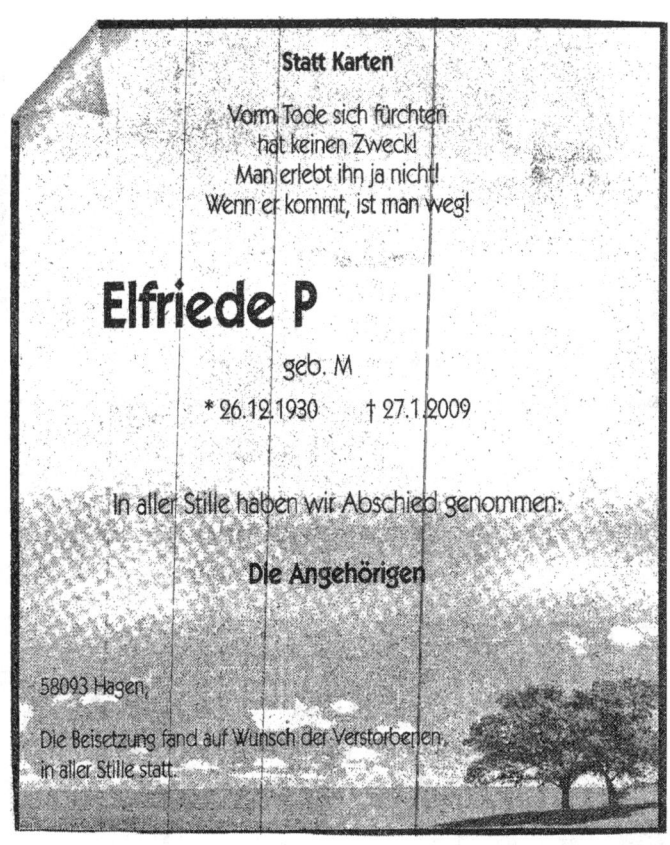

Statt Karten

Vorm Tode sich fürchten
hat keinen Zweck!
Man erlebt ihn ja nicht!
Wenn er kommt, ist man weg!

Elfriede P

geb. M

* 26.12.1930 † 27.1.2009

In aller Stille haben wir Abschied genommen:

Die Angehörigen

58093 Hagen,

Die Beisetzung fand auf Wunsch der Verstorbenen,
in aller Stille statt.

Geradewegs andersherum scheint sich der Fall bei Marianne N. zu verhalten, der im Tod nicht einmal das morgendliche Aufwachen erspart bleibt.

Meine geliebte Schwester, unsere geliebte Tante und Schwägerin ist erlöst.

Sie wollte morgens aufwachen und tot sein. Ihr letzter Wunsch ist in Erfüllung gegangen.

Marianne N

geb. P

* 30. Mai 1918 † 11. November 2009

Wir sind unendlich traurig.

Waltraud M , geb. P
im Namen aller Angehörigen

Oder es verhält sich so wie bei Ute R., für die das Leben hoffentlich ein schöner Traum war und der Tod kein böses Erwachen.

Sie ist erwacht
aus dem Traum des Lebens

Ute R

geb. E

– Künstlerin –

* 16.7.1954 † 4.3.2010

Das Beste aus seinem Leben gemacht hat offenbar Georg Alex B. Und doch hängen ihm die »widrigen Umstände« noch in seiner Todesanzeige nach.

Er gab ein Beispiel dafür, was dem Einzelnen
unter widrigen Umständen möglich ist.

Georg Alex B

* 22. Februar 1931   † 21. Februar 2009

Von einem hübschen Rollentausch beim Lachen und Weinen zu Anfang und am Ende des Lebens berichtet die Anzeige für Edith S.

Ich habe das Leben überwunden,
bin nun befreit von Schmerz und Pein,
denkt oft an mich in stillen Stunden
und lasst mich immer bei euch sein.

Dielsdorf, 26. Februar 2010
Traueradresse:
Britta M

8157 Dielsdorf

In stiller Trauer und mit vielen bleibenden Erinnerungen nehmen wir Abschied von meinem lieben Mami, meiner Schwiegermutter, unserem Nani, unserer Cousine, Gotte und Freundin

Edith S

17. Januar 1941 bis 26. Februar 2010

Als du auf die Welt kamst, lachten alle und nur du weintest. Du hast dein Leben so gelebt, dass als du starbst, alle weinten und nur du lächeltest.

Britta M   -S
mit Benjamin, Samuel und Christian M
Verwandte, Freunde und Bekannte

Bruno M. übernimmt es hingegen selbst, kurz und bündig Rück-
schau zu halten.

Herrgott, wie gerne habe ich gelebt!

Bruno M

* 18. 9. 1907 † 27. 8. 1980

Während der muntere Franz von M. mit seinem launigen Kommentar eher die Nachwelt im Blick hat, die nun ohne seine Entertainer-
qualitäten zurechtkommen muss.

„Ohne mich werdet
Ihr Euch langweilen"

Sein Leben ist zu Ende gegangen.

Franz von W

* 21. 10. 1916 † 14. 1. 2006

Die Einsicht des einstigen Bergassessors Oswald N. weist ihn als
echten Männerversteher aus.

Ist das Kind im Manne tot, ist der Mann tot!
Oswald N

Oswald N
Bergassessor a. D.
* 2. 8. 1916 † 13. 2. 2004

In die Stille des Krankenzimmers entführen uns die geheimnisvollen Worte über die Schuhe des Arztes. Und eine Erlösung eigener Art offenbart sich in dem abschließenden Satz, der geradezu literarische Qualitäten hat. So kann ein Lebensroman enden.

Nachruf

*Der Tod kommt auf leisen Sohlen,
denn die Schuhe eines Arztes
quietschen selten.
Endlich kann ich liegen bleiben.*

Wir nehmen Abschied von einem einzigartigen Menschen und gutem Freund.

Uwe F

Wir werden Dich nicht vergessen!

Deine Freunde

Saalfeld, im Januar 2010

Noch tiefer in das Reich der Literatur führt uns die Anzeige für Prof. Dr. Dr. h.c. Hans Josef V. Das Bild der brennenden Bibliothek veranschaulicht auf ungewohnte Weise, was an Wissen und Lebenserfahrung mit dem Tod verloren geht.

Wenn ein Greis stirbt, brennt eine Bibliothek.

Prof. Dr. Dr. h.c. Hans Josef V

geboren 24. 9. 1930 gestorben 4. 2. 2010
in Iserlohn in Heidelberg

Motivisch schließt hier die Anzeige für Katharina S. an. Dabei handelt es sich um ein lateinisches Palindrom, also um eine Buchstabenfolge, die vorwärts und rückwärts gelesen gleich bleibt. Das Palindrom »In girum imus ...« stammt vermutlich aus dem Mittelalter und gehört zu den Klassikern des Genres. Übersetzt heißt es: »Wir irren des Nachts im Kreis umher und werden vom Feuer verschlungen.«

IN GIRVM IMVS NOCTE ET CONSVMIMVR IGNI

Katharina S

geb. K

23. 9. 1912   13. 6. 1990

Um ähnlich elementare Dinge geht es auch in der folgenden Anzeige. Dabei meldet sich eine raunende Stimme aus dem Off, um Gunter K. eine letzte Anweisung zu erteilen, die ihn offenbar ebenso im Kreis herumführt.

Eines langen Baumes Wurzel bist du gewesen.
Eines hohen Berges Stein warst du.
Nun geh zu deinem Baum und zu deinem Berg zurück.

Gunter K

* 10. 08. 1940   † 21. 02. 2010

Wir nehmen Abschied:

Jutta W
Gerald K
Michael, Thomas, Bettina S
und alle Angehörigen

Vergleichsweise knapp fällt die letzte Mitteilung von Dieter aus. Aber zumindest seine Freunde wissen ganz genau, was er damit sagen wollte.

Wer »so« sagt, der geht – du hast »so« gesagt ...

Ade

Dieter

Dieter und Gabi, Andy und Evi, Angie und Achim, Konni, Andreas, Ramon und Susanne, Manne, Ernie, Bernhard, Wolfgang, Carl Conrad, Friedo, Rolf, Jost, Ralph und Ute, Markus, Willy

Eine klare Botschaft hält hingegen Gastwirtin Maria S. für uns bereit.

„Meine Herrschaften, es ist Feierabend."

Gastwirtin

Maria S

geb. S

* 26.11.1915   † 8.11.2005

In Liebe und Dankbarkeit nehmen Abschied
Tochter Erika K   und Familie
Sohn Reinhard S   und Familie
Schwiegertochter Leoni S

Das letzte Wort gehört jedoch dem »Allesversteher« Horst M., der sich bereits in völlig anderen Dimensionen bewegt. Ganz im Sinne unseres Buchtitels »Wir sind unfassbar«.

Horst M

15. Oktober 1995

Ich verstehe Alles

denn

Ich bin Du

M

Der Sammler dankt

Seit über 20 Jahren sammle ich ungewöhnliche Todesanzeigen, seit sieben Jahren zeige ich eine Auswahl meiner Kollektion auf der Website **www.todesanzeigensammlung.de**. Schon diese Internetseite stieß auf reges Interesse, das ich so nicht erwartet hatte. Doch als unser erstes Buch »Aus die Maus« herauskam, waren die Reaktionen geradezu überwältigend. Ich hätte mir nie vorstellen können, dass mein Hobby so viel öffentliche Aufmerksamkeit finden und unsere Leserinnen und Leser daran so viel Anteil nehmen würden. Briefe sind ja heutzutage eine Seltenheit geworden; umso mehr haben wir uns über die vielen, vielen Zuschriften gefreut, die uns in den vergangenen zwölf Monaten erreichten. Manche schickten sogar kleine Päckchen mit ihren Sammlungen, andere meldeten sich per Mail, um uns ihre Fundstücke als Dateien zuzuschicken. Beim Sichten der mir übersandten Anzeigen und Sammlungen habe ich mich intensiver denn je mit ungewöhnlichen Todesanzeigen beschäftigt. Und ich hoffe sehr, dass die Leserinnen und Leser von »Wir sind unfassbar« unser Empfinden teilen, dass die hier vorgestellten Anzeigen, deren Auswahl die Frucht dieser Freuden und Mühen ist, in ihrer Summe sogar noch denkwürdiger und exquisiter sind als die in »Aus die Maus«.

Die vielen interessanten und schönen Zuschriften auf unser erstes Buch haben gezeigt, dass unsere Leserinnen und Leser allen Alters- und Berufsschichten angehören, wie übrigens auch diejenigen, die mein Hobby teilten oder es für sich neu entdeckten. So bekamen wir neue Anzeigen beispielsweise von einer 16-jährigen Hauptschülerin, die »Aus die Maus« zum Dank für ihr Schülerpraktikum in einem Bestattungsunternehmen geschenkt bekommen hatte. Aber auch von einer 93-jährigen Sammlerin, die uns ihre komplette Kollektion anvertraute, weil sie befürchtete, ihre Erben würden dieses

Hobby gewiss nicht weiterpflegen. Unter den Einsendern waren erklärte Agnostiker, aber auch Geistliche. So verschieden wie Alter und Beruf der Einsender waren auch die den Anzeigen beigefügten Zeilen, mal betont korrekt und in perfekten Höflichkeitsformen, mal locker duzend, mal auf ein Post-it-Zettelchen gekritzelt, mal in kalligrafischen Schwüngen auf feinstes Büttenpapier geworfen. Wie auch immer: Eigentlich jede dieser Zuschriften und jedes der vielen großartigen Stücke, die ihnen beigefügt waren, hat bei mir als Sammler Freude, ja oft sogar echte Sammlerbegeisterung hervorgerufen. Matthias Nöllke und ich tragen uns schon jetzt mit dem Gedanken an ein drittes, ultimatives Todesanzeigenbuch und sind zugleich schon beim Abschluss des Manuskripts dieses Büchleins enttäuscht, dass bei Weitem nicht jede vorzügliche und unbedingt sehenswerte Anzeige einen Platz in »Wir sind unfassbar« finden konnte.

Insofern möchte ich an dieser Stelle vor allem meinen Aufruf aus dem Nachwort unseres ersten Buches wiederholen und bekräftigen: Wenn Sie, liebe Leserin, lieber Leser, gerade heute auf der Todesanzeigenseite Ihrer Zeitung *die* ungewöhnliche Anzeige schlechthin gesehen haben, wenn Sie im Stillen schon lange bemerkenswerte Nachrufe ausschneiden und sammeln oder unter Ihren Bekannten jemanden wissen, ohne dessen Sammlungsperlen eine Veröffentlichung über ungewöhnliche Todesanzeigen ärmer wäre, dann nutzen Sie eine ruhige Minute und senden Sie diese Anzeigen an den Verlag Kiepenheuer & Witsch, KiWi Paperbacks – Stichwort: Todesanzeigen –, Bahnhofsvorplatz 1, 50667 Köln, oder scannen und mailen Sie sie mir direkt an **todesanzeigen@gmx.de**.

Nachfolgend habe ich die Namen der Beiträgerinnen und Beiträger zu »Wir sind unfassbar« aufgelistet. Ganz besonders bedanken möchte ich mich, auch wenn die Aufzählung wegen des begrenzten Platzes notwendigerweise ungerecht sein muss, bei folgenden Damen und Herren, auf die Löwenanteile der hier gezeigten Anzeigen zurückgehen:

- Herrn Otto Fuhrmann aus Weiden, der über mehr als 30 Jahre eine große und großartige Sammlung von Todesanzeigen angelegt und uns dann freimütig als Fundgrube zur Verfügung gestellt hat

- Frau Renate Evers aus Grevesmühlen, die sich auch vom Unverständnis ihrer engsten Umgebung nicht davon abhalten ließ, auf den Todesanzeigenseiten ihrer schleswig-holsteinischen Heimat über viele Jahre erfolgreich nach Perlen zu tauchen

- Frau Uta Schlegel-Holzmann aus Leinfelden-Echterdingen, in deren nicht allzu großer Kollektion jedes einzelne Stück höchsten Ansprüchen standhält

- den Herren Abraham Kustermann aus Waldenbuch in Schwaben und Wolfram Schlag aus Emmenbrücke in der Schweiz, die mich über viele Monate hinweg kontinuierlich mit ihren schönsten Lesefrüchten versorgt haben

- Frau Kathrin Bachmann aus Wollerau (Schweiz), die mich auf ihre Forschungen zu ungewöhnlichen Todesanzeigen und die von ihr unter ihrem Mädchennamen von der Lage veröffentlichte Dissertation »Text und Tod. Eine handlungstheoretische Textsortenbeschreibung am Beispiel der Todesanzeige in der Schweiz« (Niemeyer-Verlag Tübingen, 1995) aufmerksam gemacht hat

- Herrn Wolfgang A. Klemt, einem langjährigen Sammerkollegen aus Hattingen mit untrüglichem Gespür auch für solche Besonderheiten auf den Todesanzeigenseiten, die nicht gleich auf den ersten Blick ins Auge fallen

- Frau Ingrid Brüggenwirth, deren zweites aus ihrer großen Todesanzeigensammlung destilliertes Buch »Dieser Brief geht in den Himmel« (Passage-Verlag Leipzig, 2006) ich in der Bibliografie unseres letzten Büchleins versehentlich ausgelassen habe.

Aus den vielen Tausend Anzeigen haben wir knapp 300 Stücke ausgewählt. Dass daraus ein Buch geworden ist, dazu hat erneut mein Freund und Mitautor Matthias Nöllke entscheidend beigetragen. Wir hoffen sehr, dass unsere Leserinnen und Leser der Beschäftigung mit den hier gezeigten ungewöhnlichen Todesanzeigen eben-

so viel abgewinnen können wie wir – und uns vielleicht dabei unter-
stützen, irgendwann eine Dreierserie der bemerkenswertesten
deutschen Todesanzeigen der letzten 50 Jahre vollenden zu können.

Christian Sprang

Beiträgerinnen und Beiträger zu diesem Buch*

Barbara Altenburg; Wolfgang Arnold; Marion Ballmann-Lauck; Walter Banzer; Dieter Banzhaf; Roland Banzhaf; Irmgard Barnes; Brunhild Bast; Manuel Baumann; Siegmund Baumgärtner; Andrea Baumhaus; Silke Baza; Gerhard Beck; Klaus Behnsen; Matthias Bellmann; Polly Benecke; Renate Bergmann; Dietmar Bernhardt; Katrin Bick; Antje Binder-Stohrer; Kai Blasius; Margot Böhm; Dietrich Erik Böhme; Tanja Bönig-Ohl; Eva Böttcher; Florian Brands; Winfried Bräutigam; Renate Breithecker; Ekkehart Burghausen; Birgit Buschmann; Corinna Colditz; Dominique Conrad; Gerd Dammann; Raphaela Demmel; Frank Deppe; Jacqueline Diez; Hans Detlef Dopatka; Christine Dosche; D. Douteil; Carola Dressel; Doris Drews; Lothar Dunkel; Franz Ebbers; Norbert Eggenschwiler; Heike Ellermann; Andreas Emmerich; Udo Erhart; Ralf Ersfeld; Aline Faass; Christian Fai; Werner Falkenberg; Ulrich Faure; Beatrix Fey; Digna Fiedler; Marena Föge; Erika Franke; Dörte Fricke; Margot Fridrich; Herbert Fritz; Gerlinde Fröschle; Jennifer Fromme; Margit Fruntzek; Jutta Geiger; Helmut Geist; Erich Gerhard; Frank Gerkens; Hubert Gertis; Annegret Göbel; Karin Goebelsmann; Gerhard Goldmann; Martina Gollhardt; Maria Gorgs; Hedwig Grau; Karl Gröchenig; Hans-Peter Grümmer; Elisabeth Haakh; Eckart Haenchen; Manfred Häfner; Klaus Hage; E. Hager; Reinhild

---

* Obwohl ich alle Zuschriften von Leserinnen und Lesern von »Aus die Maus« mehrmals durchgegangen bin, ist die Liste nicht ganz vollständig geworden. Mitunter konnte ich Namen und Anschriften auf Briefen nicht entziffern, teils fehlten Absenderangaben, und bei mancher größerer Kopieraktion sind mir einzelne Umschläge mit Adressen verloren gegangen. Falls Ihr Name hier stehen müsste und Sie ihn nicht finden können, ist das mein Versehen, für das ich um Nachsicht bitte.

Hammes; Daniel B. Hartmann; Volker Häse; Sibylle Hasel; Christian Hauri; Ivola Heinz; Jürgen Heinze; Michaela Hennig; Frank Herrmann; Frank Herrmann; Thomas Heuer; Daniela Hielscher; Heinz Hillenbrand; Thomas Hirsch-Hüffell; Michael Hirtreiter; Thomas Hoeren; Uta Hoffmann; Andreas Holzhammer; Bernd Homeier; Clarissa Hornbergs; Katja Imme; Silke Jepsen; Wolfgang Kahl; Ernst Kaiser; Carmen Katzer; Christian Keck; Ruth Keller; Annette Keuken; Wilfried Kircher; Wolfram Kirstein; Gerhard Klenner; Nora Klossowski; Wolfgang Kluibenschädel; Inge Knecht; Edeltraud Köhler; Michael Kopp; Hans-Jürgen Körner; Jürgen Köster; Johann Kowalczik; Ruth Krämer; Christel Krampitz; Andreas Krause; Jana Krause; Monika Kühn; Christa Kunzelmann; Klaus Küpper; Monika Lammersmann; Gabriela Lauber-Stöger; Marion Lauck; Carmen Lautenscheidt; Andrea Lehmann; Christoph Lehmann; Patrick Lengg; Ines Leopold; Jutta Leugers; Michael Ley; Alica Lilgert; Eveline Linke; Wolfgang Luchtenberg; Ulrike Lucht-Lorenz; Tanja Lutz; Henry R. Magin; Karl Mai; Bernhard S. Maier; Evi Männecke; Rudolf Märtens; Christa Marwell-Meier; Anne-Marie Marzen; Juliane Mayer; Christa Meier; Lieselotte Meisfeld; Werner Merklein; Christine Meyer; Marianne Meyer; Christa Meyer; Bettina Miera; Stefan Mögele; Hans-Hermann Möller; Andrea Möllering; Volker Morstadt; Eva Moßgraber; Petra Motzke; Roland Müller; Gerd Müller; Konrad Müller; Kristian Müller von der Heide; Rüdiger Munzert; Karl Heinz Neubauer; Marlen Neumann; Helga Nielsen; Matthias Nissen; Dieter Obert; Hanna Pachler; Gunter M. Pampel; Gabriele Panitz; Monika Paulus; Franz Pechwitz; Karin Peter; Marlies Pilz; Hedi Poliwoda; Günther Pölking-Henkel; Sandra Potthast; Ralph Praeg; Ute Pukropski; Christoph Ramm; Gabi Rapp; Eva Rapp-Frick; Wolfhard Raub; Luis Repsold; Ilona Ress; Monika Riedel; Johannes Ringwald; Anneli Ritter; Desiree Ritter; Gisela Rögge; Odo Rothenbächer; Matthias Rother; Heinz Rüschenschmidt; Günter Sauer; Christine Sauerstein; Barbara Saul-Sievers; Jost Schaper; Peter Schappert; Ruth Schaupp; Renate Schellhaas; Jörg Schimmel; Wolfram Schlag; Jürgen Schmale; Rainer Schmidt; Beatrice Schmitt; Gisela Schmitt; Ulrich Schneider; Angela Schneider; Klaus Schnelle; Annerose Schöke-Philipp; Stefan Schramm;

Karin Schramm; Claudia Schulz; Kunz Schulz; Marlene Schwarz; Simon Schweer; Susanne Schweiger; Joachim Schwerthelm; Herbert Schwörer; Jeannie Scriven; Maria Sehr; Charlotte Seither; Friedhelm Senck; Heinrich Sievers; Peter Sigmann; Wilhelm Sprang; Ludwig Stahl; Christian Starke; Vreni Steffen-Steinegger; Andreas Steinke; Jörg Stenger; Andrea Steubesand; Jürgen Stingel; Georgia Stoinski; Melanie Strang; Katarina Stubbe; Klaus Suetterlin; Clemens Tandler; Christine Tanz; Andrea Thoma; Otto Thumm; Bruno Tobies; Hans Topsch; Inge Trächtler; Gerlinde Tropschuh; Sandra Tutsch; Simone Ueberwasser; Barbara Vahldieck; Walter Vitt; Heidi Vogt; Silvia von Ballmoos; B. von Harer-Radlick; Nicola von Platen; Ursula von Schlieben; Burkhard von Stoephasius; Isabelle Wanner; Ulrich Weber; Bettina Weidt; Frank Weimer; Renate Werz; Elke Westerwelle; Joachim Westphal; Mareike Wichmann; Jörg Wilhelm; Petra Wilmer; Werner Wilson; Kathrin Winter; Stephan Wittenbrink; Gerd Wittgens; Margret Wlotzke; Anke Wolf; Moni Wolf; Volker Zander; Ursula Zanke; Rosemarie Zeitler; Lutz Zelaitis; Katja Zielenbach; Gabriele Zieroff; Marianne Zink

Ungewöhnliche Todesanzeigen – Teil 1!

Christian Sprang / Matthias Nöllke. Aus die Maus.
Ungewöhnliche Todesanzeigen. KiWi 1127

Wer Todesanzeigen genau liest, findet große Gefühle, Rätselhaftes, Skurriles – und sehr viel Komik. Dieses Buch stellt die interessantesten Fundstücke vor. Sie zeichnen ein ungewöhnliches Bild vom Leben und Sterben in diesem Land, das zu tröstender Erkenntnis und befreiendem Lachen führt. Schließlich gilt, wie es in einer Anzeige heißt: »Wer nicht stirbt, hat nie gelebt«.

Thomas Hillenbrand. Schräge Schilder. KiWi 1128

Geplant war das nicht: Eigentlich wollte Spiegel online nur ein paar skurrile Verkehrsschilder vorstellen, doch die Veröffentlichung löste eine Lawine aus. Zu Hunderten schickten Leser eigene Schnappschüsse ein. Mittlerweile ist die Kolumne »Schräge Schilder« nach Bastian Sicks »Zwiebelfischchen« die beliebteste Bildkolumne des Online-Portals. Die lustigsten und skurrilsten Schilder hat Thomas Hillenbrand in diesem Buch zusammengestellt und kommentiert.

www.kiwi-verlag.de

Moritz Netenjakob. Macho Man. Roman. KiWi 1154
Verfügbar auch als ▣Book

Von den 68ern erzogen, lebte er dreißig Jahre als Weichei.
Jetzt verliebt er sich in eine Türkin. Aber wie überlebt ein
Frauenversteher in einer Welt voller Machos?

»Herrliche Charaktere, blasierte Intellektuelle, vitale Mi-
granten, männliche Frauen und weibliche Männer. Geballte
Situationskomik und akribische Beobachtungen machen
›Macho Man‹ zu einem Tipp-Deluxe!« *Michael Gantenberg*

»Eine kleine Sensation! Klein im Sinne von doch eher groß.«
Bastian Pastewka

www.kiwi-verlag.de

Auf die Plätze, fertig, Spaß!

Bastian Sick. Happy Aua. KiWi 996   Bastian Sick. Happy Aua 2. KiWi 1065   Bastian Sick. Hier ist Spaß gratiniert. Ein Happy-Aua-Buch. KiWi 1163

Gordon Blue, gefühlte Artischocken, strafende Hautlotion – nichts, was es nicht gibt! Bastian Sick hat sie in seinen Bilderbüchern aus dem Irrgarten der deutschen Sprache zusammengetragen und kommentiert: missverständliche und unfreiwillig komische Speisekarten, Hinweisschilder, Werbeprospekte u. ä. – die bizarrsten Deutschlesebücher der Welt.

Bastian Sick. Wir sind Urlaub! Das Happy-Aua-Postkartenbuch.
KiWi 1190. 16 Postkarten

Mit seinem einzigartigen Gespür für originelle und ver-
rückte Spracheskapaden hat Bastian Sick die lustigsten
und unvergesslichsten Ausrutscher aus seinem Bestseller
»Hier ist Spaß gratiniert« in einem höchst unterhaltsa-
men Postkartenbuch vereint. Verschicken Sie Vergnügen
und erfreuen Sie Freund und Feind mit unnachahmlichen
Aussagen und Motiven zu allen möglichen Anlässen. Ab
die Post!

www.kiwi-verlag.de

Zum Lesen, Lachen und Nachschlagen

Bastian Sick. Der Dativ ist ... Folge 1.
KiWi 863. Verfügbar auch als eBook

Bastian Sick. Der Dativ ist ... Folge 2.
KiWi 900. Verfügbar auch als eBook

Bastian Sick. Der Dativ ist ... Folge 3.
KiWi 958. Verfügbar auch als eBook

Bastian Sick. Der Dativ ist ... Folge 1-3
in einem Band. Sonderausgabe.
KiWi 1072. Verfügbar auch als eBook

Witzig und unterhaltsam – Bastian Sicks Sprachkolumne begeisterte bereits Millionen Leser.

Martin Doerry / Markus Verbeet (Hg.). Wie gut ist Ihre Allgemeinbildung? Der große SPIEGEL-Wissenstest. KiWi 1162

Deutschlands größter Wissenstest: 150 Fragen, ausgewählt von der SPIEGEL-Redaktion, aus fünf Fachgebieten – Politik, Geschichte, Wirtschaft, Kultur und Naturwissenschaften. Hunderttausende haben schon mitgemacht, um ihre Allgemeinbildung zu überprüfen. Trauen Sie sich auch?

www.kiwi-verlag.de

Ranga Yogeshwar. Sonst noch Fragen? Warum Frauen kalte
Füße haben und andere Rätsel des Alltags. KiWi 1103
Verfügbar auch als eBook

Am Anfang steht immer eine einfache Frage: Warum ist
das so? Ausgehend von Beobachtungen und Erfahrungen,
die jeder machen kann, nimmt uns Ranga Yogeshwar mit
in die aufregende Welt des Wissens. Seine Streifzüge füh-
ren von der Gehaltsverhandlung in die Mathematik, vom
Sonntagmorgen-Croissant in die Geschichte oder vom
Sommerhimmel in die Physik. »Sonst noch Fragen?« zeigt,
wie viel Spaß Wissen machen kann.

www.kiwi-verlag.de